JN106963

はじめての Canvas LMS

世界標準オンライン学習システムの使い方

石川有紀・宮崎 誠 共著

KAIBUNDO

目　次

はじめに　ix

本書の使い方　x

(1) 全体の構成　x

(2) Canvas Free Account（Canvas Free For Teacher：Canvas FFT）について　xii

(3) Canvas Guides（もっと詳しく知りたい方へ）　xii

(4) Canvas LMS 関連情報のリンク集　xiii

(5) Canvas LMS の日本語誤訳　xiii

第 I 部　Canvas LMS の基礎知識

第 1 章　Canvas LMS とは ··· 2

1.1　世界で注目されている新世代の LMS　2

1.2　Canvas LMS が生まれた背景　4

1.3　利用者の意見が反映されたオープンソース　4

1.4　スケーラビリティ確保の重要性　5

1.5　日本国内での導入事例　6

　　1.5.1　海外パートナー校と複数拠点ライブ授業：一橋大学　6

　　1.5.2　COIL 型授業で国内にいながら国際交流：南山大学　7

　　1.5.3　ドローンが撮影する高画質動画で野外フィールドを疑似体験：東京大学　8

　　1.5.4　本格的な大学講義を高校生や社会人に公開：名古屋大学　8

　　1.5.5　国際標準規格で統合する次世代教育プラットフォーム始動：慶應義塾大学　9

第 2 章　Canvas LMS の機能構成 ······································· 10

2.1　Canvas LMS の主要機能　10

2.2　Canvas LMS のユーザロール（役割）　15

2.3　Canvas LMS を利用できる端末環境　16

第 II 部　Canvas LMS を使ってみる

第 3 章　シンプルなコースを作ってみる ····························· 20

3.1　ユーザアカウント作成　22

　　3.1.1　Canvas ユーザアカウントの作成　22

　　3.1.2　表示言語の設定　25

3.2　コースと教材作成　26

3.2.1 コースの作成 *26*

3.2.2 課題の作成 *27*

3.2.3 課題の複製 *28*

3.2.4 モジュールの作成 *29*

3.2.5 コースナビゲーションの設定 *32*

3.3 受講ビューからコースを体験する：その1 *34*

3.3.1 受講生ビューから提出物を提出 *34*

3.4 提出物の採点 *38*

3.4.1 SpeedGrader から採点する *38*

3.4.2 成績表の確認 *39*

3.5 受講ビューからコースを体験する：その2 *40*

3.5.1 受講生ビューから成績確認 *40*

第4章 さまざまな教材を作成する ············· *42*

4.1 課題 *43*

4.1.1 課題の作成 *43*

4.1.2 割り当て *47*

4.2 ページ *48*

4.2.1 ページの作成 *48*

4.2.2 ページの管理 *50*

4.2.3 ページ一覧 *50*

4.3 ファイル *51*

4.3.1 ファイルの管理 *51*

⑴ ファイルツールバー *52*

4.4 ディスカッション *53*

4.4.1 ディスカッショントピックの作成 *53*

4.5 クイズ *56*

4.5.1 クイズの作成 *56*

4.5.2 クイズの詳細設定 *56*

4.5.3 問題の作成 *59*

4.5.4 クイズのプレビュー *63*

4.6 要綱［シラバス］ *63*

4.6.1 シラバスの設定 *63*

4.7 教材作成に役立つ機能 *65*

4.7.1 リッチコンテンツエディタ *65*

4.7.2 問題バンク *65*

コラム　動画配信サービスやオンライン会議システムを使う方法 *67*

第5章 コースの設定と公開 ············· *69*

5.1 メンバー *70*

5.1.1　メンバー登録　70

5.2　モジュール　74

5.2.1　モジュール管理　74

5.2.2　モジュールのロック（日時指定）　75

5.2.3　モジュールの要件　76

5.2.4　モジュールの前提条件　77

5.3　コースの設定　77

5.3.1　コースの詳細情報　77

5.3.2　コース設定で使用できる機能　80

5.3.3　セクション　81

5.3.4　コースナビゲーション　81

5.3.5　アプリ　81

5.3.6　機能プレビュー　82

5.4　コース公開　82

5.4.1　コースホームページの設定　82

5.4.2　受講生ビューから確認する　83

5.4.3　コース公開　84

5.4.4　受講生としてコースを体験　85

5.5　コース公開前の操作に役立つ機能　86

5.5.1　コースの活動期間　86

5.5.2　セクション　87

5.5.3　受講生グループ　88

5.5.4　外部アプリ　88

5.5.5　コースのコピー　89

5.5.6　コースのエクスポート　91

5.5.7　コースのインポート　92

第6章　成績評価をする ……………………………………………………………… 93

6.1　SpeedGrader　94

6.1.1　SpeedGrader の機能紹介　94

6.1.2　クイズの採点　97

6.1.3　課題ディスカッションの採点　99

6.2　成績表　100

6.2.1　成績表の機能紹介　100

6.2.2　成績詳細トレイ　105

コラム　ダウンロードファイルの文字化け対策　106

6.3　その他の機能　106

6.3.1　提出物の一括ダウンロード・アップロード　106

6.3.2　クイズの管理　107

⑴　クイズ画面の管理メニュー　*107*

⑵　クイズの管理画面　*107*

6.3.3　クイズの統計情報　*108*

6.3.4　サーベイの確認　*108*

6.3.5　規定［ルーブリック］　*109*

⑴　ルーブリックの作成　*110*

⑵　課題へのルーブリック追加　*110*

⑶　ルーブリックの評価　*111*

6.3.6　成果［アウトカム］　*112*

⑴　アウトカムの作成　*113*

⑵　アウトカムの使用方法　*114*

⑶　学習の達成度表　*115*

6.3.7　課題グループ　*116*

第Ⅲ部　Canvas LMS をもっと使ってみる

第7章　コースを管理する　……………………………………………………　*118*

7.1　受講生の管理　*119*

7.1.1　メンバー管理　*119*

7.1.2　ユーザ詳細　*121*

7.2　受講生とのコミュニケーション　*121*

7.2.1　アナウンス作成　*121*

7.2.2　ディスカッション管理　*123*

⑴　ディスカッション一覧　*123*

⑵　ディスカッション　*125*

7.3　受講生の活動状況の確認　*126*

7.3.1　モジュールの進捗　*126*

7.3.2　新しい分析　*126*

7.3.3　コースの分析　*128*

第8章　グローバルナビゲーションの機能紹介　……………………………　*130*

8.1　ダッシュボード　*131*

8.1.1　カードビュー　*132*

8.1.2　最近のアクティビティ　*132*

8.1.3　ダッシュボードのサイドバー　*133*

8.2　ユーザアカウントの設定　*134*

8.2.1　ユーザ設定　*134*

⑴　機能設定　*135*

コラム　コースセットアップチュートリアル　*136*

　　　8.2.2　お知らせ［通知］　*137*

　　　8.2.3　ユーザアカウントのファイル　*138*

　8.3　コースリスト　*139*

　　　8.3.1　お気に入りコースの設定　*139*

　8.4　カレンダー　*141*

　　　8.4.1　カレンダーの管理　*141*

　　　　⑴　カレンダーリスト　*141*

　　　　⑵　課題やイベントの表示　*142*

　　　8.4.2　課題やイベントの追加　*143*

　　　　⑴　イベントの追加　*144*

　　　　⑵　課題の追加　*144*

　8.5　受信トレイ　*144*

　　　8.5.1　メッセージの管理　*144*

　　　8.5.2　メッセージの作成　*145*

補足①　受講生の操作画面 ……………………………………………………………………… *146*

　⑴　ダッシュボード　*146*

　　　１　カードビュー　*147*

　　　２　リストビュー　*147*

　⑵　コースでの活動　*149*

　　　１　コースホームページ　*149*

　　　２　課題の提出　*150*

　　　３　クイズへの解答　*151*

　　　４　ディスカッションへの投稿　*153*

　　　５　成績の確認　*154*

第Ⅳ部　Canvas LMS を授業に導入する

第 9 章　授業設計と LMS の関係 ……………………………………………………………… *158*

　9.1　授業設計と情報システム　*158*

　9.2　一斉授業から個別化した学習へ　*159*

　9.3　e ラーニングとブレンディッドラーニング　*160*

第 10 章　学習活動を Canvas LMS に置き換える …………………………………………… *162*

　10.1　まずここから始めよう　*162*

　　　10.1.1　講義資料の準備　*162*

　　　10.1.2　配布資料の準備　*162*

　　　10.1.3　小テスト　*162*

　　　10.1.4　レポート課題　*164*

　　　10.1.5　アンケート　*165*

　　　10.1.6　ディスカッション　*166*

　　　10.1.7　アナウンス　*167*

　　　10.1.8　外部ツールの利用　*167*

　　　10.1.9　別の LMS で作成したコースの利用　*168*

　　　10.1.10　別の LMS で作成した小テストの利用　*168*

補足②　LMS における技術標準 ·· *169*

　　(1)　LMS のソースコードを改修（カスタマイズ）　*171*

　　(2)　プラグイン，モジュールとして開発　*171*

　　(3)　LTI に対応した Web アプリケーション（LTI ツール）として開発　*171*

おわりに　*172*

索引　*174*

はじめに

　最近，Canvas LMS についての問い合わせを受けることが多くなってきました。「何ができるの？」あるいは「Canvas LMS の特徴は何？」というような素朴な質問から，「実際に画面表示を見てみたい」や「どのような操作性なのか自分で触ってみたい」というように強い興味を持たれている方々の依頼まで，本当にさまざまです。

　実際に Canvas LMS のデモンストレーションを交えてご説明すると，感動していただけることが多く手応えを感じています。その一方で，時間的な制限から Canvas LMS の豊富な機能や奥深さまでお伝えしきれないことを残念に思っています。すでに Canvas LMS を教育現場で活用されている先生方もたくさんいらっしゃいます。今はとくに，LMS を利用した教育が大きな比重を占めているという時代背景もあると思いますが，「このような授業を行いたいが，Canvas LMS で実現するにはどの機能を使えばよいのか？ やり方は？」というようなご相談を頻繁にいただきます。

　Canvas LMS を長年使ってみて感じているのは，どうすればオンラインの遠隔教育でスムーズに指導できるのか，どのようにしたら学生は効率良く，深く学べることができるのか，考え抜かれたシステムであるということです。本格的にオンライン教育を実践しようと考えたときに，現場で必要とされるような機能が豊富に用意されています。それはシステム的な機能ありきではなく，教える，学ぶという，教育あるいは学習活動の視点で設計されたものです。

　本当は，すべての機能の操作や実践方法についてご紹介したいところですが，とても一冊に収まる内容ではありません。そこで，まずは Canvas LMS の導入編として，初めて Canvas LMS を操作される方を対象に，本書を執筆しました。この本を読んでいただくことで，Canvas LMS に興味をお持ちの方々へのご回答となり，教育現場での活動に少しでも役立てていただければ幸いです。

　なお，本書の執筆は，第 I 部～第 III 部は石川が担当し，第 IV 部は宮崎が担当しました。

本書の使い方

　Canvas LMS とは，米国ユタ州の Instructure 社が開発したオープンソースのオンライン学習管理システム（LMS）です。北米を中心に現在最も導入実績が多くなっている，世界中で大人気の次世代 LMS といえます。今後，日本国内でも広く利用されていくようになると思われます。そこで本書は，Canvas LMS を初めて利用する日本の教育機関の教職員，企業の教育部門担当者を対象に，あまり難しく考えず，気軽にオンライン教育を実践できるように，Canvas LMS の基礎的なシステム操作の説明を中心に構成しています。

(1)　全体の構成

　本書は 4 部構成になっており，それぞれで，以下の内容について詳しく説明しています。

第 I 部	Canvas LMS の基礎知識	Canvas LMS についての概要
第 II 部	Canvas LMS を使ってみる	オンラインコースで指導するために必要な基本操作
第 III 部	Canvas LMS をもっと使ってみる	便利な機能を活用した，より発展的な使い方の紹介
第IV部	Canvas LMS を授業に導入する	対面授業の学習活動をオンラインに置き換える使い方の紹介

I 部	II・III 部	IV部
Canvas の概要	Canvas の操作	授業に導入

Canvas の概要
- 1 章　Canvas LMS とは
- 2 章　Canvas LMS の基本構造

Canvas の操作

コース内の操作

準備
- 3 章　シンプルなコースを作ってみる
- 4 章　さまざまな教材を作成する
- 5 章　コースの設定と公開

ユーザアカウントの作成：コース指導の流れがわかります

運営
- 6 章　成績評価する
- 7 章　コースを管理する

- 8 章　グローバルナビゲーションの機能紹介

授業に導入
- 9 章　授業設計と LMS の関係
- 10 章　学習活動を Canvas LMS に置き換える

第Ⅰ部		Canvas LMS の基礎知識	第Ⅰ部は 2 つの章から構成されています。Canvas LMS が生まれた背景やその特徴，システム機能の基本構造について説明しています。
	第 1 章	Canvas LMS とは	Canvas LMS の概要や，世界・国内の教育界における LMS 製品としての立ち位置がわかります。
	第 2 章	Canvas LMS の機能構成	Canvas LMS の基本的な機能構成や設計理念がわかります。

☑ すぐに Canvas LMS を使う必要性に迫られている方，とにかく操作方法を早く知りたい方は，第Ⅰ部を飛ばして第Ⅱ部から読んでいただいてかまいません。

第Ⅱ部		Canvas LMS を使ってみる	第Ⅱ部は 4 つの章から構成されています。コース作成から教材コンテンツの登録，コース設定と公開，成績評価の手順まで，オンラインでの指導に最低限必要な基本操作を一通り説明しています。
	第 3 章	シンプルなコースを作ってみる	課題だけのとてもシンプルなコースの準備から採点まで，オンラインでの指導の流れを一通り体験できます。
	第 4 章	さまざまな教材を作成する	課題，ページ，ファイル，ディスカッション，クイズなどの教材を，Canvas LMS で作成できるようになります。
	第 5 章	コースの設定と公開	受講生の履修登録や，コース公開など，実際にオンラインでの指導を始めるための操作方法がわかります。
	第 6 章	成績評価をする	受講生からの提出物を閲覧し，採点できるようになります。

☑ 第Ⅱ部の内容を読んでいただければ，実際にオンラインコースでさまざまな教材を提供しながら，受講生を指導することができるようになります。

第Ⅲ部		Canvas LMS をもっと使ってみる	第Ⅲ部は 2 つの章から構成されています。受講生の活動状況確認やコミュニケーションのとり方，グローバルナビゲーションメニューで提供されている便利な機能について個別に説明しています。また，補足①として，受講生の操作について説明しているので，自分が指導している内容が，受講生から Canvas LMS 上でどのように見えているのか理解できます。
	第 7 章	コースを管理する	受講生の学習活動状況のチェック方法やフォローアップのためにコミュニケーションを取る方法がわかります。
	第 8 章	グローバルナビゲーションの機能紹介	Canvas LMS のダッシュボード画面を中心とした，グローバルナビゲーションメニューで提供される主要な便利機能の使い方を知ることができます。
	補足①	受講生の操作画面	受講生がどのように Canvas LMS の機能やオンライン教材を利用しているのか，受講生から見た場合のシステム操作について知ることができます。

☑ 受講生の学習状況を詳しく把握して丁寧なフォローアップをしたい方，Canvas LMS ならではの便利な機能をもっと活用してみたい方向けの内容です。

第Ⅳ部		Canvas LMS を授業に導入する	第Ⅳ部は 2 つの章から構成されています。具体的な授業の例を示しながら，授業設計という観点から Canvas LMS を導入するポイントや対面授業に LMS を組み合わせた「ブレンディッドラーニング」という教授法について説明しています。補足②として，Canvas LMS がサポートしている技術標準を説明しているので，技術標準の利用者にとってのメリットを理解することができます。
	第 9 章	授業設計と LMS の関係	学習目標と学習内容，実施する学習活動との関係を確認することで，授業に Canvas LMS を導入するポイントがわかります。
	第 10 章	学習活動を Canvas LMS に置き換える	対面で行っている授業の学習活動を例に，具体的にどの機能を使って置き換えることができるのかがわかります。
	補足②	LMS における技術標準	Canvas LMS がサポートする機能を例に，利用者の目線で，技術標準に対応していることによってどのようなメリットがあるのかがわかります。

☑ これから新しく授業を担当する方や，すでに授業を担当している方で，Canvas LMS でまずは何から始めたらよいのか，迷っている方向けの内容です。

(2)　Canvas Free Account（Canvas Free For Teacher：Canvas FFT）について

　本書では，いわゆる座学として読むだけでなく，実際にシステムを操作しながら具体的な利用方法を体得していただきたいと考えています。とはいっても，すぐに触れる Canvas LMS のシステム環境を用意できない方が多いと思います。そこで，そのような方のために無償で利用できる Canvas サイト（Canvas Free For Teacher：Canvas FFT）をご紹介します。

　もちろん，すでに Canvas LMS を利用できるシステム環境がある方は，ご自身の Canvas サイトを使っていただいてかまいません。ただし，Canvas LMS はその柔軟性からさまざまな機能構成や運用設定が選択可能なので，組織で管理されている個別の Canvas サイトごとに利用できる機能や画面の見え方が少しずつ異なります。本書では，基本的に Canvas FFT のシステム環境を基準として書かれているので，Canvas FFT では利用できても，自分の環境では利用できない機能などがあるかもしれません。念のためご留意ください（そのような場合でも，アカウント管理者にリクエストすることで機能制限を解除してもらえるかもしれません。使用している Canvas サイトのアカウント管理者に問い合わせしていただくことも一案です）。

　なお，Canvas FFT を使用する方は，ユーザアカウントの作成が必要になるので，Canvas LMS でのコース作成の流れを把握するためにも，第 3 章は必ず読んでください。

　※ Canvas Free For Teacher（Canvas FFT）という呼び方は「Canvas Free Account」（正式名称）の愛称です。

　※本書で紹介している Canvas FFT の画面や設定項目は原則として 2021 年 8 月時点のものです。皆さんが操作される Canvas FFT のバージョンによっては，画面デザインや設定項目に差異が生じる可能性があることをご留意ください。

(3)　Canvas Guides（もっと詳しく知りたい方へ）

　本書は，初めて Canvas LMS を操作する方々に，可能な限りシンプルな説明を提供するために書かれています。一般的によく利用される機能や，今までの Canvas LMS 操作説明会や実際の運用で質問が多かった機能について詳しく説明していますが，利用される頻度が少ない機能や応用・発展的な機能については紹介程度にとどめています。

　本書で説明しきれなかった各種機能をもっと詳しく知りたい方へご紹介したいのが，Canvas Guides です。Canvas Guides とは，Canvas LMS の開発元である Instructure 社が公開している詳細な公式ガイドです。

　管理者や講師，受講生など，ユーザの役割ごとに機能の紹介や操作手順の説明が詳しく述べられています。原則として英語表記ではありますが，操作画面のスクリーンショットがふんだんに差し込まれているので，実際の画面と見比べながら理解していくことが可能です。

　ただし，目的の機能や設定項目を英語で探す必要があるので，Canvas LMS を日本語表記で使用している方は対象となる説明ページを探しづらいかもしれません。知りたい機能や設定項目に該当する英語文言が不明な場合は，表示言語を一時的に英語へ切り替えてみてください。表示言語の切り替え

方については，第 3 章 3.1.2 項「表示言語の設定」または第 5 章 5.3.1 項「コースの詳細情報」で紹介しています。

⑷　Canvas LMS 関連情報のリンク集

　本書で使用する Instructure 社の Canvas Free For Teacher や Canvas Guides その他，役に立つ URL リンクをまとめた Web ページをご用意しています（右の QR コードからもアクセスできます）。

https://www.bownet.co.jp/canvas-links/

　Canvas Free For Teacher や Canvas Guides の URL は，これまでにもたびたび変更されており，今後も変わっていく可能性があります。最新の Canvas LMS 関連情報にアクセスしやすいようにリンク集ページを用意しましたので，ご利用ください。

⑸　Canvas LMS の日本語誤訳

　Canvas LMS には，画面表示文言に日本語への誤訳が存在します。少しずつ改善されていますが，現状（2021 年 8 月時点）ではまだ初心者には意味不明となる部分もあるため，本書では，誤訳の後に，角括弧 ［　］ の記号を使い，正確な日本語訳を表記しています（例：日本語誤訳［正確な日本語訳］）。ここに，そのリストを掲載します。

英語	日本語誤訳	正確な日本語訳
Syllabus	要綱	シラバス
Duplicate	重複	複製
Test Student	受講生をテスト	テスト用受講生
Not Graded	未採点	採点なし
Until	次の日時から	次の日時まで
Only available to students with link	リンク付きの受講生のみ利用可能です	受講生はリンクからのみ利用可能です
Graded	採点済み	採点対象
Graded Quiz	採点済みのクイズ	課題クイズ
Ungraded	未採点	採点なし
Rubrics	注釈／規定	ルーブリック
Outcomes	成果／結果	アウトカム
Unpublished Assignments	課題を非公開にする	未公開の課題
Mastery at	熟達日時	熟達目安
Learning Mastery Gradebook	学習の達成／学習マスタリー	学習の達成度表
Notifications	お知らせ	通知
Undated	更新しました	日付なし
Subject	科目	件名

第 Ⅰ 部
Canvas LMS の基礎知識

第 1 章　Canvas LMS とは ……………………………………………………………… *2*

第 2 章　Camvas LMS の機能構成 …………………………………………………… *10*

第1章 Canvas LMS とは

1.1 世界で注目されている新世代の LMS

Canvas LMS は Web ベースの学習管理システム（LMS）です。さまざまな教育機関がオンライン教育コースの運営や教室授業の支援のために利用しています。講師は Canvas LMS で学習教材を作成し，あるいは外部の教材を組み込んでオンラインコースを提供します。受講生は好きな時間・好きな場所から，これらの教材にアクセスして学習を行えます。達成目標やスキルアップの状況，学習成果について常に講師と受講生で共有し，コミュニケーションを行いながらさまざまな形態の学習活動を進められます。

日本国内では，以下のような e ラーニングシステム（LMS）がよく利用されてきました。

- Blackboard
- Sakai
- Moodle
- WebClass
- manaba

Blackboard は昔から代表的な高機能 LMS として認知されていて，とくに北米を中心に最大の導入シェアを誇っていました。LMS といえば Blackboard といっても過言ではないほどでした。Sakai と Moodle はプログラムコードが無償公開されているオープンソースの LMS 製品としても有名です。とくに Moodle は，個人レベルで手軽にセットアップすることができるので LMS の小規模運用にも適していて人気があります。WebClass は機能がシンプルではありますが，商用 LMS 製品としては大変安価に提供されているので，日本国内では多くの教育機関で採用されています。manaba（manaba course）は，国内導入実績トップの e ポートフォリオ管理システムである manaba folio の兄弟製品として知られています。

LMS という種類のソフトウェアが本格的に普及し始めたのは 20 年ほど前，2000 年代の初めからですが，いずれの製品もその頃の e ラーニング教育のコンセプトで設計されています。まずは教育コンテンツを管理して受講生に配信し，小テストを行って成績を管理するというものです。SaaS（Software as a Service の略語：必要な機能を必要な分だけサービスとして利用できるようにしたソフトウェア）という言葉が，まだ一般的ではなかった時代です。もちろん各製品とも，年を重ねるごとに機能拡張されているので，現代の LMS に必要とされることにも対応し始めています。

　現在，そしてこれからのオンライン教育および学習活動で，とくに重要となる LMS の機能・特性を考えると，次のような事項を挙げることができます。

⑴　多くの一般人にとってフレンドリーな画面操作性（学習活動や教育指導をスムーズに進められるように，機能ではなく業務中心の UI/UX が提供されているか）

⑵　オンライン上にたくさん揃っている SaaS 型教育ツールとの相互運用性（LTI 規格の多彩な教育ツールが簡単に使えるか）

⑶　教務管理など関連システムとの連携性（API が充実しているか）

⑷　システム設計やデータ管理における透明性（コンテンツデータは簡単に取り出せるか）

⑸　セキュリティ面での堅牢性（プログラム実装コードが常に最新情報のもとに検証されているか）

⑹　スケーラビリティ（大量アクセスに耐えうるシステム設計になっているか）

　さらに，本当にオンラインで学びやすいシステムとして設計されているか，という根本的な命題に対して，十分に応えられているかということが最も重要です。Canvas LMS はこれらの課題を解決できるように，最先端の教育工学理論を実践しながらシステム全体の機能を発展させてきています。その結果，LMS 製品の利用動向として次のグラフに見られるような大きな変化が起きています。

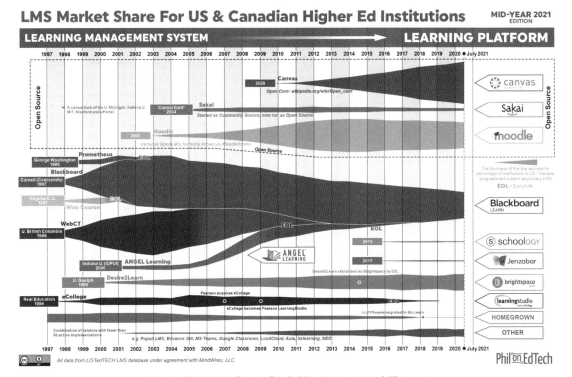

図 1-1　米国およびカナダの大学における LMS 市場シェア
（出典：State of Higher Ed LMS Market for US and Canada: Mid-Year 2021 Edition - PhilOnEdTech
https://philonedtech.com/state-of-higher-ed-lms-market-for-us-and-canada-mid-year-2021-edition/）

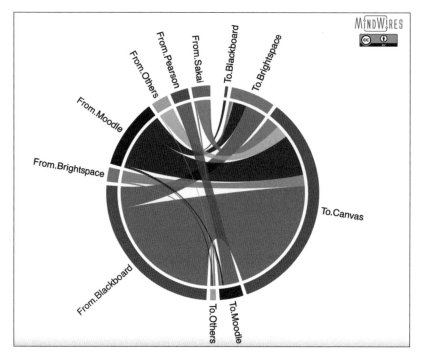

図 1-2　北米における LMS 切り替えのムーブメント（2019 年〜 2021 年）
（出典：Current Customer Migration from Previous LMS to New LMS for North America for 2019 - 2021
https://philonedtech.com/state-of-higher-ed-lms-market-for-us-and-canada-mid-year-2021-edition/）

1.2　Canvas LMS が生まれた背景

Canvas 開発の中心となっている Instructure 社は 2008 年に創業しています（Canvas のオープンソースによる提供開始は 2011 年からです）。

創業者は Mozy（大手ストレージ企業の EMC に買収されたオンラインバックアップサービス会社）を起業・売却した Josh Coates 氏です。彼は Brigham Young University（ブリガムヤング大学）でベンチャー・スタートアップのコースを教えていましたが，授業を受けていた二人の学生と一緒に，複雑で操作が難しい Blackboard よりも使いやすい，次世代用の新しい LMS を構想しました。

"アンチ Blackboard" として生まれた Canvas は，SaaS として提供されます。教育機関は Instructure 社による技術サポートが不要であればオープンソース版をダウンロードして使ってもよいですし，何らかのサポートが必要であれば有料の SaaS を利用できます。

1.3　利用者の意見が反映されたオープンソース

Canvas LMS は商用サービスのためのソフトウェアでありながら，オープンソース製品として無償配布されています。簡単に使える e ラーニングシステムを目指すという Instructure 社のポリシーに従い開発が進められているため，教育・学習の流れを無視した機能中心のシステムとならず，また，企業主導のオープンソース開発により設計責任の所在が明確であるため，システム設計や品質管理，開発持続性において非常に高いレベルが期待できます。

　一方で，オープンソース開発コミュニティからのアドバイスを広く汲みあげ，システム設計や実装コードの改善，品質向上につなげています（実際，これにより当初存在していた日本語環境での利用における各種の致命的な問題が解消されました）。

1.4　スケーラビリティ確保の重要性

　2020 年の春，新型コロナウイルスの流行は全世界に大きな混乱を引き起こしました。ほとんどすべての業務活動が停滞する事態となりましたが，それは教育学習における分野でとくに顕著なもので，ご存知の通り，高等教育機関に限らず，あらゆる組織において今まで通りの教育学習活動を続けることが非常に困難な状況となりました。

　日本国内の大学においても，本来は教室に集まって授業を受けるはずであった学生達は全員通学禁止となり，教員の方々も容易にキャンパスへ立ち入ることは許されませんでした。外国からの留学生は安全のために母国へ帰された場合もあったようで，もはや日本国内に留まれませんでした。

　LMS を使えば，教室での授業をある程度は代替することができます。すでに LMS を導入していた組織では，すべての授業で，全員が自宅から PC やタブレット端末でオンライン教育システムに接続して指導・学習するというスタイルに切り替えて，この困難な状況を乗り切ろうとしました。

　しかし，ここで大きな問題に突き当たります。今まで想定されていなかった規模の利用アクセスが LMS に集中し，多くの教育機関でオンライン教育システムの障害が発生しました。TV 放送や各種ニュースでご存知の方も多いかと思います。これは当然のことで，今までは LMS を教室授業の支援ツールくらいにしか考えられていなかったものが，ここにきてすべての教育学習活動を LMS に載せてしまったため，既存のシステムに従来想定の数倍から数十倍の負荷が加わることになったのです。

　あらかじめ履修登録を行ったうえで利用する形式が多い LMS のようなシステムは，もともと，それほど利用負荷の増減が大きくありません。教育コースの使われ方も教材構成に基づく一定の利用パターンが予想できるため，必要とされるサーバシステムの性能は予想しやすいものです。そのような背景からか，多くの LMS 製品ソフトウェアは比較的小規模なワークロード（システムに加えられる処理負荷の大きさ）を前提とした設計になっているようです。

　今回の世界的な大激変で，オンライン教育の在り方も大きく変わることになりそうです。伝統的な教室授業を中心として，宿題管理や教材の事前配布などのための支援ツールとして LMS を構成していた教育学習のスタイルは今後も有効ですが，それ以上に，いつでもすべての教育学習をオンラインに切り替えて続行できることが求められるようになります。LMS は教育学習におけるコンテンジェンシープラン（滅多に起こらないが，発生すれば破滅的な結果につながる例外的事案に対するリスク管理）の重要パートを担うことになります。また，このような非常事態の授業を経験することで，多くの人がオンライン教育方式のメリットを体感し，さらなる改善に向けた工夫を始める必要に迫られていて，LMS はあらゆるシーンで活用されるようになることが予想されます。

　その結果として，今まででは考えられなかったような大きなワークロードを処理することが，これからの LMS には求められるようになるはずです。これはまったく新しい未体験の世界です。LMS にそれほど大きな負荷がかからなかった時代に設計された LMS 製品で対処していくことは，おそらく

とても困難です。巨大なクラウドサービスを稼働させるために設計された最先端のオープンソース・ソフトウェアである Canvas LMS の利用は解決策になり得ます。

　Canvas LMS はさまざまな世界最大級の教育プログラムで使われています。初期の例としては，シスコ・ネットワーキング・アカデミー（The Cisco Networking Academy）での Canvas LMS の導入が挙げられます。シスコ・ネットワーキング・アカデミーは，世界的な大手通信機器会社である Cisco Systems が行っている CSR 活動の 1 つで，インターネット技術者を育成するための世界最大級の教育プログラムです。10,000 以上の大学，コミュニティ・カレッジ，高校などに提供されていて，ネットワーキングや ICT スキルを学んで就業ないしエンジニアリングやコンピュータサイエンスなどの関連分野での高等教育に役立つ内容を提供しています。Canvas LMS がシスコ ネットワーキング アカデミーの新しいプラットフォームとして採用された 2012 年の段階で，すでにこのアカデミープログラムで学ぶ学生の数は 100 万人を超えていました。17 言語 165 カ国以上の機関でこの教育プログラムが提供されていました（https://www.instructure.com/canvas/resources/all/cisco-and-instructure-team-up-to-service-1-million-students）。

　2021 年の夏，AWS Educate への Canvas LMS 導入がニュースとなりました。AWS Educate は 14 歳以上の学生がクラウドについて学習するためのオンライン教材と実習のための AWS 利用クレジットを提供する無償のプログラムです。AWS Educate を活用し，世界中で数十万人の学生がクラウド技術を学んでいて，100 万を超える学生がすでにプログラムに参加，あるいは卒業しています。日本では大学，専門学校，高専，さまざまな IT 技術の教育プロバイダの方の参加があり，教員が指導する授業での活用だけではなく学生の自主的な学習も支援してきました。この AWS Educate で，Canvas LMS をベースに構築・サービス提供されているシステムが利用されるようになったのです（https://aws.amazon.com/jp/blogs/news/education-program-transition-1/）。

1.5　日本国内での導入事例

　世界で最も人気があり，今では最大のシェアを誇る Canvas LMS ですが，日本でも続々と採用が始まっています。ここで，いくつかの先行事例を紹介します。

1.5.1　海外パートナー校と複数拠点ライブ授業：一橋大学

　一橋大学大学院経営管理研究科国際企業戦略専攻（一橋 ICS）は，Canvas LMS と Zoom 会議システムを LTI 連携させて，海外パートナー校と複数拠点ライブ授業を実現しています。一橋 ICS では，先進の教育 IT プラットフォームと最先端のビジネス教育プログラムを提供していて，とくにビジネスプロフェッショナルとしての個人の能力開発に力を注いでいます（QS グローバル MBA ランキング 2019 では日本の大学で第 1 位と評価されています）。

- 通常の授業セッションで教員とクラス全員が一同に会するシーンでは，教員は教室から参加し，学生は世界各国から参加（自宅のデスクトップから，移動中の iPad から，大学や出張先ホテルの PC からなど）。
- チームプロジェクトなどの課題で教員と小グループがやりとりするシーンでは，教員は毎回教

室から参加するとは限らず，大学の研究室から，訪問中の企業の会議室からなど。学生も同じく，いろいろな場所や端末から参加。

- 学生同士でやりとりするシーンでは，学生の一人にオンライン会議主催権限を与え，通常の授業セッションにおける教員と同様にグローバル遠隔会議をホスト。他の学生はいろいろな場所や端末から参加。

授業はすべて英語で行われ，9 月開始の学年歴を採用するなど，世界のトップビジネススクールに匹敵する MBA プログラムが提供されています。日本・欧米双方の経営手法の強みを学び，グローバル化が進む経営環境において，それらを有機的に応用できる経営人材を育てることを目指すため，教育プログラムは対面講義とバーチャルクラス（オンラインでの授業）で構成され，会社などを離れる時間を最小限にしながら，経営スキルを磨くことができるよう設計されています。

受講生は，教室での講義とキャンパス外での集中コース，そしてグローバルネットワーク（Global Network for Advanced Management）メンバー校としての活動に参加できますが，このような斬新なスタイルの教育を実現するために，最先端の世界標準 LMS として高く評価されている Canvas LMS が採用されました（https://www.ics.hub.hit-u.ac.jp/jp/）。

1.5.2　COIL 型授業で国内にいながら国際交流：南山大学

南山大学では，COIL 型授業と海外留学，企業でのインターンシップなどを組み合わせた，グローバル人材育成のための国際プログラムで Canvas LMS を活用しています。

COIL（Collaborative Online International Learning）は，オンラインで海外の学生と時差，言語差，文化の違いを超えてバーチャルに交流し，語学能力や異文化理解力を高める新しい教育手法です。交流内容は，メールなどのメッセージ交換やテレビ会議での会話交流，テーマを決めたディスカッション，共同でのムービー制作，課題解決型のプロジェクトなど多岐に渡ります。オンラインといってもテレビ会議のようにリアルタイムで行うものだけではなく，LINE や Facebook など学生に身近な SNS や LMS を活用して，テキストでのやり取りや撮影した動画を送りあって議論するなど，時差があっても対応できるものも含まれます。こうしたやり取りのなかで，国内の大学にいながら海外の学生との国際交流が実現できるのです。

南山大学の NU-COIL プロジェクトは，この COIL 型授業と海外留学，企業でのインターンシップなどを組み合わせ，グローバル人材に必要な力を身につけることができる国際プログラムです。ノースジョージア大学，ノーザンケンタッキー大学，メリーランド大学ボルティモアカウンティ校，アリゾナ州立大学，ニューヨーク市立大学クイーンズ校，ディキンソン大学，ジョージタウン大学，パデュー大学ノースウエスト校，これら 8 つの教育機関と協調して地域に根ざしたテイラーメイド型教育プログラムを運営しています。

COIL 型授業を実現するための中核システムとして，国際的な教育活動をスムーズに進めるために，世界標準の最新 LMS として高い評価を受けている Canvas LMS を採用しました。

2020 年初頭からのコロナ禍では，留学生の帰国対応など，NU-COIL プロジェクトも少なからず影響を受けることになりましたが，Canvas LMS をフル活用することで教育プロジェクトの完全な

オンラインシフトを実現し，高度な国際教育活動を安定して継続しています（https://office.nanzan-u.ac.jp/nu-coil/）。

1.5.3　ドローンが撮影する高画質動画で野外フィールドを疑似体験：東京大学

東京大学大学院農学生命科学研究科・農学部では，ドローン＋ 4K カメラで超高画質収録，ライブ動画を活用した遠隔授業のプラットフォームとして Canvas LMS を利用しています。

東京大学は森林・林業の実践的研究・教育の場として，全国 7 カ所に合計約 32,000 ha の地方演習林を擁していますが，この演習林でドローン（UAV：Unmanned Aerial Vehicle）を利用して撮影される高解像度動画を Canvas LMS のオンライン教材として，大学院学生の指導・教育に活用しています。

- 教員が農林生態系など野外フィールドの現場にいながら講義室の学生とリアルタイム環境データやそれまでの蓄積データ，講義資料などをインタラクティブに共有して講義可能。
- 教員も学生もタブレットやスマートフォン端末のみで参加可能。
- 多様なフィールドを仮想体験，総合的に学習が可能。

農学部に所属しながらも距離的に分散する多様なフィールドを ICT で結び，物質循環，森林生態，生物多様性，作物の生産などを総合的に体験し，学ぶための教育・研究プラットフォームとなっています（https://www.a.u-tokyo.ac.jp/）。

1.5.4　本格的な大学講義を高校生や社会人に公開：名古屋大学

名古屋大学では，英語での G30[注] 国際プログラムが通常の日本語カリキュラムと並行して実施されています。G30 国際プログラムの卒業生が英国オックフォード大学や米国マサチューセッツ工科大学（MIT）に進学していくなど，とても質の高い教育を提供しています。しかしながら，これら英語による優れた講義について，制度的には受講が可能であるにもかかわらず，一般日本人学生にはほとんど利用されてきませんでした。そこで 2018 年度の秋学期から，この G30 国際プログラムの講義を，受講を希望する日本人学生へも提供する実験的なプロジェクトがスタートしています。

このプロジェクトでは，①留学生が 1 対 1 で G30 英語講義の内容を個別指導，②留学生や教員と G30 英語講義の理解を深めるためのグループ学習，③セミナーや相談窓口で手厚くサポートなどを行うことで，日本人学生への英語による講義への参加を促すとともに，一般日本人学生を海外のトップレベルの大学院に進学させることを目標に，受講生を増やしています（http://labguide.bio.nagoya-u.ac.jp/NUEMI/project/）。

G30 国際プログラムの専門的な講義の受講について興味は持っているが躊躇している学生に向けて，また一般社会人でも，もう一度，大学の国際的な講義を受けてみたいと思っているような人達に

[注] G30（グローバル 30）とは文部科学省による国際化拠点整備事業であり，世界的な人材獲得競争が激化するなか，日本の大学の国際競争力を高め，魅力的な教育内容を提供することで，能力の高い留学生を世界中から日本に集めようとしたものです。外国人留学生と日本人学生が切磋琢磨する環境を日本国内に設けることで，国際的に活躍できる人材の養成を実現することを目的としています。

向けて，気楽に参加できるお試しコースが用意されました。岐阜大学との共同授業として運営している Studium Generale（ストゥディウム・ゲネラーレ）と名付けられた公開コースで，大学教員や社会人など，毎週，異なる分野の講師がさまざまなテーマでオンライン講義を行っています（ストゥディウム・ゲネラーレとは，ヨーロッパで 800 年の伝統を持つ，開かれた様式の大学を指します）。大学の講義がどのようなものか興味を持っている高校生，また小中高の教職員まで，幅広く受講生を募っています。

　Studium Generale の講義の一部は，教材としても無償で公開されています（https://nuact.ilas.nagoya-u.ac.jp/ocw/）。

　英語に自信がなくてもついていけるように，講義動画の再生スピード調整，英語の字幕，講義で使われる英単語の語彙リスト表示，数秒だけのワンポイント巻き戻し機能など，さまざまな工夫がされています。高校生だけでもさまざまな学校から 150 名ほど参加しており，あたかも大学受験前の仮想的なオープンキャンパスのようです。たいへん好評で盛り上がりを見せており，この教育プラットフォームとして Canvas LMS が活用されています。名古屋大学では従来より Sakai を全学用 LMS として長期にわたり運用してきていますが，学外向け教育サービスのために Sakai に並行して Canvas LMS の運用を開始しました。共同授業を分担する岐阜大学は，すでに数年前から全学用 LMS として Canvas LMS を導入済みで，日々本格的に活用しているので，Studium Generale での公開コース運営はスムーズで容易なものであったと予想されます。高校生や社会人への本格的な大学講義提供という施策は，これからの時代に必要とされる大事な教育活動です。開かれた大学というコンセプトの実現を目指すプロジェクトのさらなる発展が期待されます。

1.5.5　国際標準規格で統合する次世代教育プラットフォーム始動：慶應義塾大学

　2020 年 9 月，慶應義塾大学は全学で利用する教育プラットフォームとして Canvas LMS を導入しました。2020 年の初頭から世界中を混乱させたコロナ禍により，教育学習活動の急激なオンラインシフトが必要とされるなか，4 万名に近い学生と教職員が新しい LMS の活用に取り組みました。

　Panopto（動画配信），Zoom や Webex（オンライン会議），Turnitin（提出レポートの剽窃チェック），Google Assignments（Google Workspace で動作する課題管理機能），Box や Google Drive（クラウドストレージ）などをはじめとするさまざまな Canvas 対応アプリケーションと連携する最先端の e ラーニングエコシステムが Google Cloud（Google 社の提供するクラウドサービス基盤）に構築されています。

　Canvas LMS の特徴である IMS Global の教育技術標準に対する高い親和性を積極的に活用し，学内・学外のさまざまなサービス機能と高い接続性を確保できるシステム環境になっています。

　教育プラットフォームのシステム稼働基盤に採用された Google Cloud では，Web アプリケーションサーバの自動スケール構成や，学修ログを格納する分散データベースの利用だけではなく，クラウド型データキャッシュ機構やリレーショナルデータ管理機構，Kubernetes（コンテナ・オーケストレーション）によるアプリケーション用コンテナの統合管理など，Google 社の最先端マネージドサービスを採り入れて，クラウドネイティブ設計の Canvas LMS の特性を活かしています（https://www.keio.ac.jp/ja/）。

第2章

Canvas LMS の機能構成

2.1 Canvas LMS の主要機能

コースホームページ

コースごとに関連情報を一覧できるホームページを作成できます。自由に編集した Web ページを表示させるだけでなく，モジュールやシラバス，課題一覧，活動履歴などをリアルタイム表示させることができます。

コース設定

コースの詳細情報登録や運用ルール設定，受講生をグルーピングするセクション管理，コース内のローカルナビゲーション（機能メニュー）の表示制御，外部連携 LTI 対応アプリケーションの登録・削除，各種機能オプションの有効・無効化などを行うことができます。コースが属する学部・学科（所属組織），利用言語，タイムゾーン，開催期間，著作権管理の指定，教材ファイル格納容量，一般公開するか否かなどを個別に設定できます。

課題管理

コースに関連して，さまざまなメディア（各種ドキュメント，画像，動画，音声，外部ソーシャルサイトのコンテンツなど）を利用して，受講生に課題を与えることができます。

各課題の配点や提出期限，使用可能期間も設定できます。課題の対象者として個別の受講生を指名することも，セクションやグループを指定することもできます。

オンライン提出物は各種ファイル形式のアップロードだけでなく，音声・動画収録や Google Docs などの外部ファイル共有サービスによる提出と共有もできます。

課題の形態は一般的なオンライン提出型の他に，パフォーマンスを評価するような提出物なしの課題や，外部のオンライン教育ツール連携型も構成できます。

各課題はシラバスや成績表，個人向けダッシュボード画面にも表示されるため，容易に参照・画面遷移できます（練習促進のために必要な，成績に影響を与えないタイプの課題を与えることもできます）。

特定の課題をグループ課題（複数の受講生が集まって取り組むもの），ピアレビュー課題（受講生同士でお互いの提出物を評価し合うもの）に設定することもできます。

クイズ管理

習得レベルを評価するためのオンラインテストを実施できます。クイズの問題集（問題バンク）

を事前に作成しておくこともできるため，すでにオンラインテスト教材を保有している場合は，とても簡単に多彩なクイズ群を導入することができます。クイズは成績に連携するタイプや，成績には関係しない練習問題として実施するタイプなどが選択でき，さらにはサーベイ機能（受講生へのアンケート）として利用するためのオプション設定もあります。

ディスカッション管理

スレッド形式のオンライン掲示板としてディスカッション機能が用意されています。コースに関連付けられており，受講生や講師が簡単に討議を始めることができます。また，グループ内の受講生に限定したディスカッションを行うこともできます。設定によりディスカッションを課題として扱い（課題ディスカッション），ここでの投稿内容を成績の対象とすることもできます。

ページ管理

HTML 文書形式の教材として Web ページを作成することができます。これらの Web ページは講師と受講生が協同編集・履歴管理できる Wiki 形式とすることも可能です。各課題から作成されたページにリンクすることや，任意の作成ページから他のコース教材やファイルにリンクすることも簡単にできます。

ファイル管理

LMS の各機能（課題，差し込みコンテンツ，各種説明ページ）で参照されるファイル（教材となる PDF や Office 文書，画像など）をアップロードして，集中管理する仕組みが用意されています。個人的なファイル，コース単位で共有するファイル，ユーザグループ単位で共有されるファイルの 3 種類に完全に分けて管理されます。

モジュール管理

コース内の各種教材コンテンツをモジュールと呼ぶ集合体としてまとめ，そのモジュールを順番に並べることで授業フロー（学習の流れ）を定義できます。

モジュールには，課題，クイズ，アップロードファイル（PDF，音声，動画，Office 文書など），Web ページ，ディスカッション，見出し情報，外部 URL，外部連携 LTI アプリケーションなどを含めることができます。

モジュールは学習テーマを軸として展開することも，特定のトピックに焦点を合わせることも，あるいは単に時系列にグループ分けすることもできます。

モジュールごとに，完了の要件や前提条件を定義することもできるので，「受講生はすべての前提条件をクリアするまで，次のモジュールコンテンツにアクセスできない」というような制約を作ることができます。たとえば，受講生が前提条件に指定されたモジュールの理解度チェック用クイズで，正答率 75% 以上のスコアを獲得するまでは次のモジュールのコンテンツやファイルにアクセスできないようにするというコース運用が実現できます。

他にも，モジュールごとに特定日時になってから解除可能となるロックを設定することもできます。

さらには，クイズなどのスコア判定により，次の学習ステップで提示する教材を受講生ごとに自動的に切り替えるアダプティブ・ラーニングのための機能（マスタリーパス）も用意されています。

アナウンス登録

　受講生に向けてコースに関連するトピックや補足情報を配信できます。アナウンスは Canvas LMS の画面上だけでなく，受講生の E メールアドレスに対して通知することができます。また，これらの配信したアナウンスに対して受講生から個別に返信を受け付けることも可能です。

シラバス管理

　シラバス（コースの要綱）では，課題やイベントのスケジュールが自動的にリストアップ表示されます。これに加えて，コースでの評価基準・採点方針，指導体制や連絡先，参照資料，注意事項や補足説明など，講師の考えをリッチコンテンツエディタを利用した自由な書式で記載できます。

メンバー管理

　コースに参加する講師，受講生などさまざまな役割のユーザを追加，削除，管理することができます。各ユーザのシステム利用時間，最終ログイン日時や，コースへの招待受諾状況を確認することもできます。

受講生グループ管理

　受講生ユーザをグループ化して，コース内のワークグループとして集団学習に利用することができます。講師はグループに対して課題を割り当てる，グループメンバーに限定したディスカッションを設定するなどができます。グループメンバーとなった受講生は，グループホームページというグループワーク用の専用エリアを使用して共同作業を行えます。

SpeedGrader

　SpeedGrader は Canvas LMS 独特の採点支援機能です。課題やクイズ，ディスカッションに対して連続的に個別評価とコメント付与を手早く行うことができます。大量の採点業務を短時間で処理できるようにデザインされています。また，採点対象の教材にルーブリック表が割り当てられている場合は，このルーブリックを利用して評価をすることができます。

成績管理

　コースに所属するすべての受講生の成績を一覧することが可能で，各受講生に対して課題別にスコアを入力することができます。過去にさかのぼって成績の履歴を一覧確認することもできます。

　成績情報を CSV 形式ファイルとして一括ダウンロード，アップロードによる一括更新をすることが可能です。

　また，成績表にさまざまなポリシーを設定することで，提出期限を過ぎた場合のペナルティや，受講生に成績を掲示（閲覧可能に）するタイミングについて設定できます。

アウトカム管理

　コースで習得できる内容を目標として提示し，受講生の熟達度を評価するためのアウトカムを管理できます。コースごとのアウトカムを新しく作成することも，組織全体で共有するアウトカムをコースにインポートして利用することもできます。アウトカムは階層型のナビゲーションパネルで簡単に作成・管理できます。

　アウトカムをルーブリックの項目として追加し，課題やクイズに割り当て，採点時にアウトカムベースの評価（熟達度の判定）を行うことができます。

ルーブリック管理

　　ルーブリックとは，課題やクイズについての評価基準項目をマトリックス形式にまとめたものです。各ルーブリックは表形式で管理され，表の行（コンピテンシー）として評価対象に合わせたアウトカムや独自の評価基準を定義し，列として各基準に対するパフォーマンスのレベルを定義します。

　　課題やクイズに割り当てられたルーブリック表は，SpeedGrader において評価支援機能（クリック操作で利用できる評価ツール）とすることができます。

リッチコンテンツエディタ

　　リッチコンテンツ（文字色やフォントサイズ，罫線，画像やレイアウト機能などで装飾された文書）を簡単に編集できるワードプロセッサ型のエディタが用意されています。

　　課題，クイズ，ディスカッション，ページ，アナウンス，シラバスなどで文書編集に利用することができます。コースで外部連携の LTI アプリケーションを利用している場合は，リッチコンテンツ・エディタのツールバーに拡張機能ボタンが追加されて簡単に対象機能を呼び出せるようになっています。

　　編集対象の教材コンテンツに，YouTube 動画や写真共有サイトの画像を差し込んだり，数式エディタ機能で定義できる LaTeX コードベースの複雑な数式画像を自動生成して埋め込むことができます。

コース別ショートカット設定（サイドバー）

　　コース管理で必要となる機能へのショートカットボタンが，画面のサイドバー表示形式で用意されています。閲覧している画面機能に応じて選択可能な機能ボタンやリマインダー情報（ToDo リスト）が表示されるため，操作中の画面で何をすべきか把握しやすくなっています。

コースナビゲーション

　　コース内の各機能へ簡単に画面遷移できるように，明確なナビゲーションメニューが用意されています。各機能メニュー項目の表示・非表示，配置順序を設定できるため，コースに対して多彩な追加機能を連携させた場合でも，ナビゲーション・メニューをシンプルに保つことができます。

コース移行ツール

　　既存コースの複製，既存コースの特定コンテンツのみをコピー，外部 LMS からのコース情報インポート，外部 LMS へ移行するためのコース情報エクスポートができます。

コース別統計管理

　　コースの稼働状況について各種統計情報を閲覧することができます。ディスカッション数，課題数，受講生の参加人数，クイズの実施回数，ファイル・ストレージの利用量などを一覧できます。

コースのステータス管理

　　Canvas LMS では各コースを 3 種類のステータス（非公開，公開，終了）で管理できます。非公開ステータスでコース教材を準備し，公開ステータスに切り替えて受講生に対してコースをアクセス可能とし，過去のコースについては終了ステータスとしてアーカイブ状態で保存できます。

ダッシュボード

　LMS にログインした直後に表示されるポータルページを提供できます。最新のアクティビティや，タスクリスト（ToDo），各機能へのナビゲーションメニューが表示されます。

カレンダー

　カレンダー機能は一般に広く普及している Google カレンダーなどの画面に類似しており，誰にも親しみやすい UI デザイン・操作性となっています。

　複数の課題について内容・期限を一覧でき，講師と受講生でスケジュールを共有できます。カレンダー上の各タスクは，シラバス・課題・成績評価と自動連携しており，カレンダー上の変更はすべての機能画面に即時反映されます。

　カレンダーはコース単位で管理されますが，履修コースがたくさん存在して，カレンダー画面上のタスク表示が多すぎる場合でも，コース別のカレンダーをフィルタリング（絞り込み）表示させることで見やすくできます。

　カレンダーに個人的な業務タスクを登録し，リマインダーとして利用することもできます。

　iCal 形式で全タスクのスケジュールを配信することができるため，既存の Microsoft 365 Outlook や Google カレンダーなどの外部アプリケーションで，Canvas LMS のカレンダー情報を参照することができます。

受信トレイ

　一般的な E メール用アプリケーションに似た UI デザインのメッセージ管理ツールが用意されており，Canvas LMS の利用ユーザは自分がアクセス可能とされている範囲（コース，グループなど）でお互いにメッセージを交換することができます。

　メッセージに添付ファイルを追加，既存の会話に新しく他のユーザを招待するなどの操作は E メールの利用に類似しており，誰でも簡単に利用することができます。

通知（Notifications）

　指定されたタイミングで，各種のシステムメッセージを E メールに対して通知することができます。コース稼働状況，ディスカッション，コミュニケーション・メッセージ受信，スケジュール・タスク，所属グループ向け情報，システム警告などについて，個人別に好みのタイミング（即時・日次・週次など）で通知されるようにカスタマイズ設定することができます。

ユーザアカウント設定

　各ユーザは自身のプロフィール情報を詳細に登録したり，システムを利用する際の言語を指定したり，外部ソーシャルメディアのアカウントを関連付けたりすることができます。

　顔写真やアバター画像をプロフィールに登録して，LMS 内でのコミュニケーションに利用することもできます。

サブアカウント管理

　Canvas LMS ではサブアカウントという概念で階層的に組織構造を LMS サイト内に再現することができます。1つのサブアカウントに対して複数のサブアカウントを作成できるので，ツリー構造を作ることができます。各サブアカウントを所属組織に見立てて，組織ごとの運用設定を行う，

管理業務の権限を移譲するなどができます。

Canvas Web API

Canvas LMS のありとあらゆる機能が Web API として用意されています。これらの多様な API を他のアプリケーションプログラムから呼び出すことで，他システムとのデータ連携，Canvas LMS をバックエンドとして動作する関連システムの構築，Canvas LMS の学習データの自動メンテナンスなどなど，実際の LMS 利用で必須となる事項を簡単に解決できます。Canvas LMS に存在しない機能を独自開発で追加したい場合，この Web API を使えば Canvas LMS 自体を改造しなくても，非常に高度な連携動作で実現することができます。

外部認証サービス管理

Canvas LMS 独自の認証機能だけではなく，さまざまな統合認証システムと連携させることができます。CAS，SAML2，LDAP などだけではなく Open ID Connect の規格に沿った認証にも対応しているため，各種ソーシャル・ネットワークやクラウド型事務管理サービス（Microsoft 365 や Google Workspace など）を含めた外部の認証プロバイダと協調動作してシングルサインオン環境を構築することが可能です。さらに，これらの認証プロバイダは並列で連携動作させることができます。

LTI アプリケーション（Learning Tools Interoperability）対応

LTI 標準に対応した外部アプリケーションは，管理画面で簡単に連携設定を行うことができます。LTI1.1 だけでなく LTI1.3 / LTI Advantage 規格のコンシューマーとして構成できるようになっているため，教育プラットフォームの中核システムとして運用できます。

多言語対応

Canvas LMS の画面機能は各種言語に翻訳されています。言語により翻訳対応の進捗状況は異なりますが，主要な言語は高い比率で翻訳済みです。既定の言語は英語ですが，2021 年現在で 37 言語に対応しています。

SIS（Student Information Systems）インポート

CSV ファイルなどのテキストファイルやそれらを圧縮した ZIP 形式ファイルをアップロードすることにより，他システムのデータ（コース情報や履修登録データなど）を Canvas LMS に取り込むことができます。

2.2　Canvas LMS のユーザロール（役割）

Canvas LMS では標準的なユーザロール（役割）が 6 種類用意されています。ユーザロールに応じて，利用できる機能やコンテンツへのアクセス範囲，操作方法が異なってきます。

管理者（Admin）

アカウント管理者はユーザアカウントの作成，コースの登録，成績評価期間の管理など Canvas LMS 運用環境全体を管理します。

管理者を最上位アカウント配下に階層的にぶら下がるサブアカウント（組織単位）ごとに，それぞれサブアカウント管理者として割り当てることが可能です。サブアカウントに割り当てられた管

理者は，自分のサブアカウント配下のサブアカウントやコースを管理することができます。

デザイナー（Designer）

　デザイナーはオンライン教育コースを設計します。コースに教材を作成し，授業フローを定義して，受講生の学習に必要な各種の準備設定を行います。ただし，コースのセットアップを担う役割なので，成績管理など受講生の指導を行うことはできません。

講師（Instructor/Teacher）

　Canvas LMS では教師・担任者のことを講師と表記しています。講師は担当コースの運営者として教材を作成する，授業フローを定義するなど，教育学習に必要な準備を行います。受講生からの提出物を閲覧して採点やコメントなどのフィードバックを行い，受講生とコミュニケーションを取りながら指導をする役割です。

TA（Teacher Assistant）

　TA は講師の教育業務をサポートするための役割を持ちます。講師と同じく，担当コースに教材を作成する，授業フローを定義するなど，コースの各種設定を行うことができますが，成績管理などについては講師が主体となるため，TA には機能制限があります。

受講生（Student）

　Canvas LMS では生徒や学生のことを受講生と表記しています。受講生は履修登録したコースにアクセスし，教材の閲覧，課題の提出，クイズへの解答，ディスカッションへの投稿などの学習活動を行い，講師や他の受講生とコミュニケーションをしながら学んでいきます。自分の学習活動に対して，コースごとに講師からスコアやコメントなどのフィードバックを受け，自分の成績を閲覧することができます。

オブザーバ（Observer）

　オブザーバは受講生の保護者やメンターです。受講生の学習活動を観察する役割です。自分に紐付いている受講生の履修コースにアクセスでき，教材や提出物，成績の閲覧ができますが，課題提出やクイズへの解答などの学習活動を行うことはできません。

　これらの標準ユーザロールは最初から Canvas LMS に用意されていますが，アカウント管理者は運用上の必要に応じて，Canvas LMS の機能ごとの詳細な権限項目を組み合わせて，独自のユーザロールを定義して個別ユーザに割り当てることができるようになっています。

2.3　Canvas LMS を利用できる端末環境

Canvas LMS を利用するためには Web ブラウザだけあれば問題ありません。教材を閲覧するためには画面が広い方が使いやすいので，お勧めは PC 端末の Web ブラウザですが，レスポンシブ Web デザインの画面として設計されているので，タブレット端末やスマートフォンの Web ブラウザでも十分利用できます。

　PC 端末：Chrome, Firefox, Edge, Safari

　iOS：Safari, Chrome

　Android：Chrome, Internet, Firefox

　なお，Canvas LMS を利用できるクライアント端末側の条件については，英語ですが，以下の URL の Web ページが参考になります。

What are the browser and computer requirements for Canvas?

　　https://community.canvaslms.com/t5/Canvas-Basics-Guide/What-are-the-browser-and-computer-

　　requirements-for-Canvas/ta-p/66

　各 Web ブラウザの最新バージョン，もしくは 1 世代だけ古いバージョンが利用できます。

　なお，Canvas LMS はインターネット接続の通信速度が遅くても動作するように工夫されていますが，快適に操作するためには，やはり 512kbps 以上は必要です。

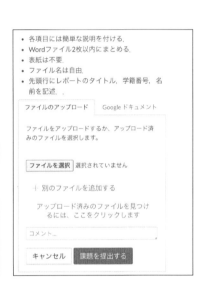

図 2-1　スマートフォンの Web ブラウザでの画面表示例

第 II 部
Canvas LMS を使ってみる

第 3 章　シンプルなコースを作ってみる …………………………………………… *20*

第 4 章　さまざまな教材を作成する ……………………………………………… *42*

第 5 章　コースの設定と公開 ……………………………………………………… *69*

第 6 章　成績評価をする …………………………………………………………… *93*

第3章 シンプルなコースを作ってみる

Canvas Free ForTeacher のユーザアカウントを作成，課題のみのシンプルなコースを作成し，その コースで指導する流れを体験します。

「本書の使い方」でも説明しましたが，操作説明を座学として読み込むよりも，実際に説明を見な がら操作する方が体感として深く理解することができます。"Learning by doing（やりながら学ぶ）" です。

しかしながら，コースの機能についてたとえば設定項目を一つひとつ説明を読みながら操作するの では時間がかかってしまいます。

そこで，まずは基本中の基本として，Canvas LMS にログインしてシンプルなコースを作成，その コースで採点を行うまでの操作を手順通りに体験していただきたいと思います。

最初は，なぜそのように操作するのか，意図が理解できなくてもかまいません。一通り体験し終 わった後で，一連の操作の意味が理解できる筈です。

Canvas LMS を気軽に操作できる環境として，Canvas の開発元である Instructure 社から無料で Canvas LMS を試すことができる Canvas Free For Teacher という環境が提供されています。

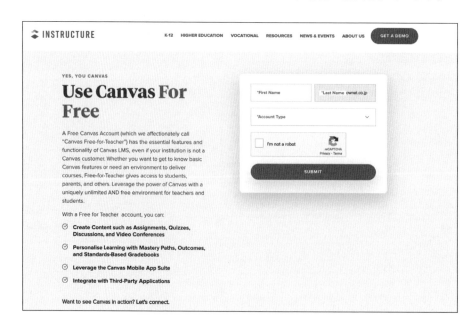

　Free For Teacher という名前の通り，教員向けの無料のお試し用 Canvas 環境です。

　コースを作成して教材を登録する，受講生を登録し提出物を提出させて採点するなど，基本的な操作が可能です。また，常に最新版にアップデートされるので，最新の機能を試すことができます。

　反面，本来アカウント管理者が管理するような複数のコースの管理や，ユーザ管理，また利用者の細かな要望に合わせた設定などはできません。また，利用者側でアップデートのタイミングをコントロールできないため，コースや教材の設定に思わぬ影響が生じることがあります。あくまでお試し環境であることに留意してください。

　Free For Teacher で，講師のユーザアカウント作成 → コース作成 → 受講生として課題提出 → 採点という基本的なコース運用の流れを体験していただきます。

　通常であればコースに受講生を登録しますが，そのためには講師以外に受講生用のメールアドレスを用意する必要があります。本章では手軽にコースを体験していただくために受講生の登録を省略して，代わりに「受講生ビュー」という機能を使います。講師である皆さんは受講生ビュー機能を使って仮想の受講生になりコースを学習します。受講生ビューから課題への提出物も提出できるので，その提出物に対して講師に戻って採点を行います。

＜本章で学ぶこと＞

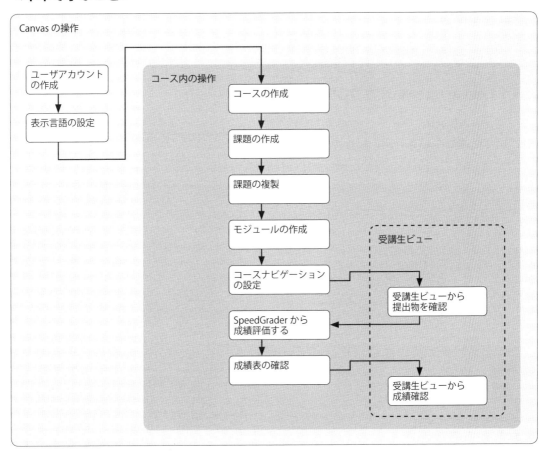

3.1		ユーザアカウント作成	
	3.1.1	Canvas ユーザアカウントの作成	Free For Teacher のユーザアカウントを作成，ログインします。
	3.1.2	表示言語の設定	表示言語を英語から日本語に変更します。
3.2		コースと教材作成	
	3.2.1	コースの作成	コースを作成します。
	3.2.2	課題の作成	課題を作成します。
	3.2.3	課題の複製	作成した課題を複製します。
	3.2.4	モジュールの作成	モジュールで授業フローを作成し，課題を割り当てます。
	3.2.5	コースナビゲーションの設定	コースナビゲーションを受講生に対してどのように見せるか設定します。
3.3		受講生ビューからコースを体験する：その 1	
	3.3.1	受講生ビューから提出物を提出	受講生からのコースの見え方を確認し，課題を提出します。
3.4		提出物の採点	
	3.4.1	SpeedGrader から採点	SpeedGrader から提出物を採点します。
	3.4.2	成績表の確認	成績表から提出状況や成績を確認します。
3.5		受講生ビューからコースを体験する：その 2	
	3.5.1	受講生ビューから成績確認	受講生がどのように成績表を見ているか確認します。

3.1　ユーザアカウント作成

3.1.1　Canvas ユーザアカウントの作成

Free For Teacher のユーザアカウントを作成します。初めての方が迷わないように，以下の URL の Web ページで Free For Teacher のログイン環境を紹介しています（下の QR コードからもアクセスできます）。

https://www.bownet.co.jp/canvas-links/

「Canvas Free Account」のリンクをクリックしてください（右図）。

　ユーザアカウント作成の画面に遷移するので，名前を入力し，「Account Type」のセレクトメニューから「Teacher」を選択します。

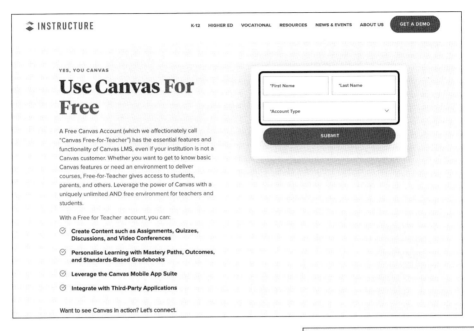

　ユーザ情報の入力フォームが表示されますので（右図），Eメールアドレスや電話番号，職名，所属している学校／組織名，パスワードを入力します。組織タイプやCanvasを選択した理由をセレクトメニューから選択します。

　プライバシーポリシーや利用規定をすべてチェックのうえで「Submit」をクリックします。

　自分の登録したEメールアドレスに登録を完了するためのメールが送信されます。このメールの「Click here to finish the registration process」リンクをクリックして（下図），ログイン画面に遷移します。

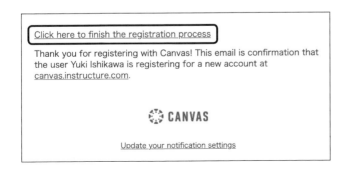

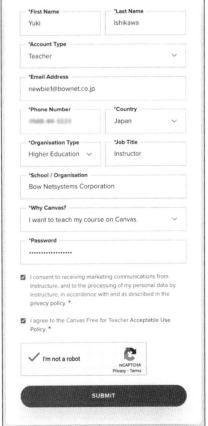

パスワードを入力し
「ログイン」ボタンを
クリックしてユーザア
カウント作成を完了し
ます。

Canvas LMS にログインするとプロフィール画面が表示されますが, 何も設定せず, 左側のメニュー
の「ダッシュボード」をクリックします。

以下のような画面に遷移します。これは, ダッシュボード画面と呼ばれる Canvas LMS の基本画面
です。本来, ダッシュボード画面には自分のコースがタイル状に表示されますが, まだユーザアカウ
ントを作成したばかりで, Free For Teacher に用意されているテンプレートコースが 1 つだけ表示さ
れている状態です。

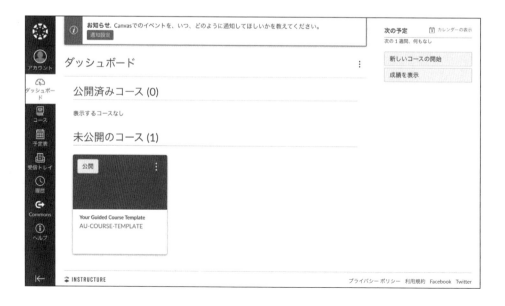

3.1.2 表示言語の設定

　利用している端末環境によっては，メッセージや左端の
メニューが英語で表示されている場合があります。これは，
ユーザに対する表示言語が英語に初期設定されているからで
す。使いやすいように日本語表示に変更しましょう。

　左側のメニューの「Account」（ユーザアカウント）から表
示言語を変更します（上図）。このメニューはグローバルナ
ビゲーションと呼ばれ，Canvas LMS でよく使う機能を集め
たものです。Canvas LMS 画面の左側に必ず表示されます。

　グローバルナビゲーションの「Account」→「Setting」を
クリックします。

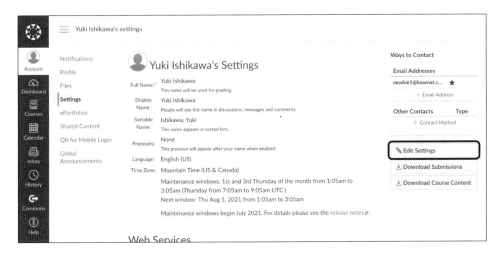

　ユーザアカウントの設定画面に遷移します
（中図）。サイドバー「Edit Settings」をクリッ
クします。

　「Language」のセレクトボックスから表
示言語として日本語を指定します（下図）。
「Update Settings」ボタンをクリックすると
Canvas LMS の表示言語が日本語に変更され
ます。

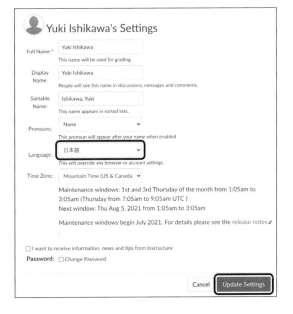

3.2　コースと教材作成

3.2.1　コースの作成

　ダッシュボードからコースを作成します。グローバルナビゲーションの「ダッシュボード」をクリックして，ダッシュボード画面に戻りましょう。この「ダッシュボード」をクリックすると，どこからでもダッシュボード画面に戻ることができます。

　ダッシュボードサイドバーの下にある「新しいコースの開始」ボタンをクリックします（上図）。

　コース名を入力し（中図），必要があればコンテンツのライセンスを指定します。通常は既定の設定のまま「私有（著作権あり）」でよいでしょう。「コースの作成」ボタンをクリックするとコースが作成されます。

　コースに入ると，画面右側にガイドが表示される場合があります（下図）。これは「コースセットアップチュートリアル」と呼ばれるコース作成支援ガイドです。コース内で画面を移動すると，移動した画面に対応したガイドが表示されます。ユーザ設定でガイドの表示を中止することもできます。詳しくは，コラム「コースセットアップチュートリアル」（p.136）を参照してください。

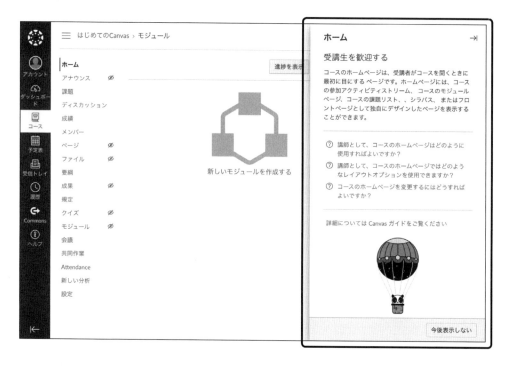

3.2.2　課題の作成

　受講生にレポートを提出させる課題を作成します。

　グローバルナビゲーションの右隣にあるメニューの「課題」をクリックします。このメニューはコースナビゲーションと呼ばれ，コース内で利用可能な機能を集めたものです。コース内ではグローバルナビゲーションの右隣に必ず表示されます。

　課題一覧が表示されます。

　右上の「＋課題」ボタンをクリックすると（上図），課題編集画面に遷移します。

　必要な項目のみ設定していきます。

❶　課題名を入力します。

❷　課題の説明を入力します。エディタの機能を使って画像や動画を差し込むことで，よりわかりやすい説明を作成できますが，今回はテキストでシンプルな説明文を入力します。

❸　課題の配点を入力します。

❹　成績の表示方法を選択します。今回は数字でスコアを表す「ポイント」を指定します。

❺　提出方法として「オンライン」を選択します。さらにオンライン入力オプションでどのような形で提出させるかについても指定します。複数指定できるので，「テキスト入力」と「ファイルアップロード」を指定します。

設定項目の入力ができたら「保存」ボタンをクリックして，課題の設定を保存します（上図）。

保存した課題を見て，設定の間違いがないことが確認できたら，右上の「公開」ボタンをクリックして課題を公開します。公開された課題は受講生からアクセス可能となります。非公開の課題は受講生に対して表示されず，アクセスもできません（ただし，コース自体がまだ未公開なので，どちらにしてもこの課題は受講生からアクセスできない状態です）。

これで課題を 1 つ作成することができました。

3.2.3　課題の複製

まだ課題が 1 つしかないので，この課題を複製して課題を増やします。課題一覧から課題を簡単に複製できます。

課題名の右端の縦三点リーダー「：」のメニューから「重複［複製］」を選択する（右図）と，課題の複製を作成できます（左下図）。

複製した課題の編集画面を開いて別の内容になるように編集します（右下図）。

この手順を繰り返して課題を 3 つ作成します。

3.2.4　モジュールの作成

　課題を作成しましたが，授業ではどの課題をどのような順番で学習するか，受講生に対して指示する必要があります。その順番をアナウンスやメッセージで「次の課題は○○です」といちいち指示するのは面倒です。

　そのような場面で使用したいのが，モジュール機能です。モジュールで教材を整理して，受講生がやるべきことの順序（授業フロー）を示すことができます。

　コースの教材を時系列やテーマごとにまとめたブロックをモジュールと呼びます。このモジュールを受講生に学習させたい順番に上から下へ並べ，一方向の線形フローを作成します。

モジュールの例

　コースナビゲーションの「モジュール」をクリックして，モジュール画面に遷移します。

　まだ，モジュールがないので，画面の右上の「＋モジュール」ボタンをクリックしてモジュールを作成します。

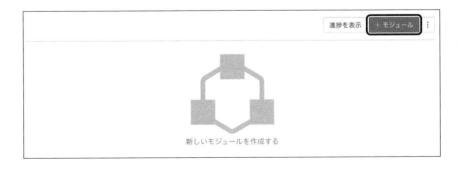

　モジュール名を入力して「モジュールの追加」ボタンをクリックします。

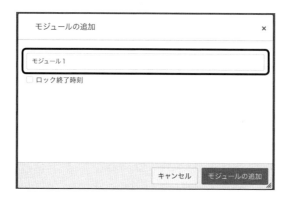

　モジュールができあがりました（左下図）。上記の手順を繰り返してモジュールを3個作成します（右下図）。できあがったモジュールは必要に応じてドラッグアンドドロップして並び替えることができます。

　次に，各モジュールに教材として先ほど作成した課題を追加します。

　モジュールのヘッダー右側にある「＋」アイコンをクリックして，「アイテムを追加」画面を表示します。

「追加」ドロップダウンメニューから追加したいコンテンツの種類を選択します。「課題」を選択すると，作成済みの課題が一覧表示されます（左上図）。追加したい課題を選択して「アイテム」ボタンをクリックすると，モジュールに課題が追加されます（右上図）。

この操作を 3 個のモジュールすべてで行います。

すべてのモジュールに教材が入り，モジュールが完成しました。

各モジュールヘッダーの右にある公開ステータスをクリックして，モジュールを公開します。

注意

　モジュールも公開しないと受講生には非表示となります。忘れやすいので気をつけてください。
　もう一つ気をつけたいのが，モジュールを公開するとモジュール内のコンテンツも自動的にすべて公開されるということです。もし，受講生に対して非公開のままにしたいコンテンツがある場合は，モジュール公開の影響で公開された状態にならないように気をつけてください。

ここまでの操作で，コースの教材から授業フローまで作成することができました。

3.2.5　コースナビゲーションの設定

コースナビゲーションを受講生に対してどのように見せるか設定します。

講師向けのコースナビゲーションにはすべてのメニューが表示されますが，受講生向けのコースナビゲーションには受講生に必要のないメニュー（「設定」など）は表示されません。その他，コンテンツが存在しないメニューも表示されません。このコースにはクイズやページがまだ存在しないので，クイズやページメニューの横に非表示アイコンが表示されています。このアイコンは受講生に対して非表示であることを示します。課題メニューは課題が存在するので受講生に表示されます。

※ただし，ディスカッションは受講生がトピックを作成することもできる（コース設定による）ため，ディスカッションメニューはコンテンツがなくても受講生に対して表示されます。

注意

　コースナビゲーションの表示は非常に理にかなっており，見え方を変更する必要はないように思えます。
　ですが，考えてみてください。授業に必要な課題はすでにモジュールに登録済みで，受講生はモジュールから授業フローの通りに課題にアクセスできます。そのうえ課題一覧からも課題にアクセス可能となると，受講生はどこから課題にアクセスするべきか混乱してしまい，せっかく作成した授業フローが無視される可能性があります。
　受講生が迷わないよう必要最低限のメニューだけ表示するべきです。

コースナビゲーションから「課題」メニューを非表示にするように設定します。

コースナビゲーションの「設定」をクリックして設定画面に遷移します。設定画面はタブで設定内容が区切られているので，「ナビゲーション」タブを選択します（次ページの上図）。

コースの詳細情報　　セクション　　ナビゲーション　　アプリ

コース ナビゲーション内のアイテムはドラッグ アンド ドロップ
で並べ替えます。

ホーム	
アナウンス	⋮
課題	⋮
ディスカッション	⋮
成績	⋮
メンバー	⋮
ページ	⋮
ファイル	⋮
要綱	⋮
成果	⋮
規定	⋮
クイズ	⋮
モジュール	⋮
会議	⋮
共同作業	⋮
Attendance	⋮
新しい分析	⋮

受講生に対して非表示にするアイテムをここにドラッグしま
す。
ほとんどのページを無効にすると、それらのページを訪れた受講者はコースの
ホーム ページにリダイレクトされる結果となります。

保存

　表示したくない項目をページ下部の「受講生に対して非表示にするアイテムをここにドラッグしま
す」に移動します。メニュー項目の並び順をドラッグアンドドロップで変更することもできます。
　画面右下の「保存」ボタンをクリックしてコースナビゲーションの設定を保存します。
　このコースでは，下図のように設定してください。

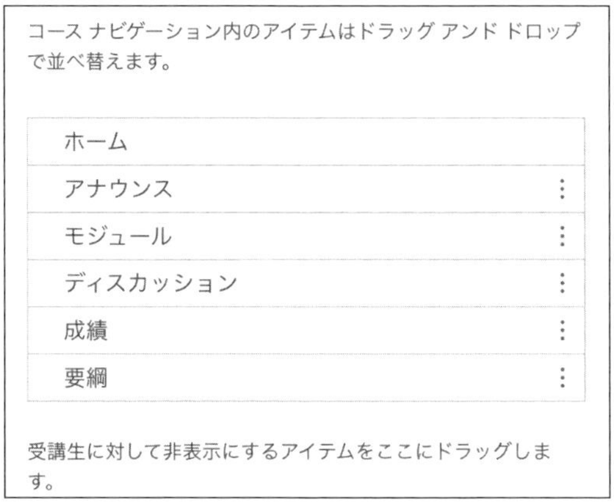

コース ナビゲーション内のアイテムはドラッグ アンド ドロップ
で並べ替えます。

ホーム	
アナウンス	⋮
モジュール	⋮
ディスカッション	⋮
成績	⋮
要綱	⋮

受講生に対して非表示にするアイテムをここにドラッグしま
す。

　ここまでの操作で，コースはほぼできあがった状態です。通常のコース作成なら，講師は受講生ビューからコース公開前のチェックを行います。

　講師はコースナビゲーションが想定通りに表示されているか，モジュールや課題は想定通り作成されているかなど，コース内を隅から隅まで詳しくチェックします。

　この後，受講生の操作を体験してもらうために受講生ビューを使ってコース内を見ていくので，ここでは受講生ビューからのチェックは省略します。

3.3　受講生ビューからコースを体験する：その1

3.3.1　受講生ビューから提出物を提出

　受講生としてコースを体験するために，受講生ビューを使用します。

　本来，受講生ビューはコース公開前に受講生からこのコースがどのように見えているかチェックするために使う機能です。本章の初めでも説明したように，コースの受講生の活動を体験し，提出物を提出するために受講生ビューを使います。

　前もって提出物として提出するファイル（1MB 以下の PDF や Word ファイル）を 1 ～ 3 個用意してください。

　コースホームページの右上にある「受講生ビュー」ボタンをクリックして，受講生ビューを開きます。

　受講生ビューの画面は周辺がピンク色で縁取られています（次ページの上図）。

　コースナビゲーションが設定通り表示できていることがわかります。モジュール以外から課題にアクセスすることはできません。受講生は学習の進め方をとくに説明されなくても，迷うことなく学習を進めることができます。

　モジュール一番上の課題をクリックします。

　作成した課題が受講生にどのように表示されるか確認できます（次ページの中図）。提出物を提出する前に，画面下部を確認してください。右下に「次へ」ボタンが表示されています。

クリックすると，モジュールで上から 2 番目に並んだ課題が表示されます（下図）。

今度は画面下部に「前へ」「次へ」2 つのボタンが表示されています。「前へ」ボタンをクリックすると，モジュール一番上の課題に戻ることができます。

モジュールにコンテンツを配置すると，このように「前へ」「次へ」ボタンが表示され，モジュールの順番通りに画面遷移できます。受講生は次のコンテンツに移動するためにいちいちモジュール一覧に戻る必要はありません。

課題に提出物を提出します。モジュール一番上の課題の画面右上にある「課題を開始する」ボタンをクリックします。

　提出フォームが表示されます。課題の設定通りテキスト入力かファイルアップロードか選択できるようになっています。今回はファイルを提出します。

　「ファイルをアップロードする」ボタンをクリックして，用意した提出ファイルを選択します。コメントに提出物についてのコメントを入力し，「課題を提出する」ボタンをクリックします。

　※提出したご褒美として紙吹雪のアニメーションが表示される場合があります。

　サイドバーに提出日時と提出された旨のメッセージが表示されます。「提出物の詳細」リンクをクリックすると「提出物の詳細」画面に遷移できます。提出ファイルをダウンロードすることもできます。

　残りの課題にも提出を行います。ファイルアップロードの代わりにテキスト入力での提出も試してみてください（次ページの上図）。その場合は，提出フォームで「テキスト入力」に切り替えます。

　課題への提出が終わったら，コースナビゲーションの「成績」をクリックしてください。

　成績表が表示されます。課題に提出物が提出されたことを示すアイコンが表示され，ファイルアップロード提出とテキスト入力提出では表示されるアイコンが違うことがわかります。

　受講生として提出物の提出が終わったので，右下の「受講生ビューの終了」ボタンをクリックして，受講生ビューを終了します。

3.4   提出物の採点

3.4.1   SpeedGrader から採点する

Canvas LMS には SpeedGrader という採点のための機能があります。

この SpeedGrader 機能を使って，受講生ビューから提出した提出物を採点します。

コースホームページのサイドバーの「やるべきこと」リストに「（課題タイトル）を採点」リンクが表示されていると思います。このリンクをクリックすると SpeedGrader 画面に遷移できます。

この他，課題画面のサイドバーの「SpeedGrader」リンクからも SpeedGrader 画面に遷移することができます。

コースホームページのサイドバー

課題画面のサイドバー

　SpeedGrader 画面の左側には受講生ビューから提出したファイル，右のサイドバーには提出時に入力したコメントが表示されます。また，画面右上には提出物を提出した受講生の名前が表示されますが，「受講生をテスト［テスト用受講生］」と表示されています。これは，講師の受講生ビューからの行動が「受講生をテスト［テスト用受講生］」という名前の仮想ユーザの行動として記録されているからです。

　サイドバーの「アセスメント」にスコアを入力すると，自動的に成績として保存されます。下の「課題コメント」に受講生へのコメントを入力し，「提出」ボタンをクリックしてコメントを登録します。

　他の課題への提出物に対しても同じように SpeedGrader から採点していきます。

3.4.2　成績表の確認

　SpeedGrader からの採点が終わったら，成績表を確認してみましょう。

　コースナビゲーションの「成績」をクリックして成績表画面に遷移します。

　コースの課題が列として表示され，それぞれ SpeedGrader から採点したスコアが反映していることがわかります。このように成績表では受講生の成績をまとめて確認できます。

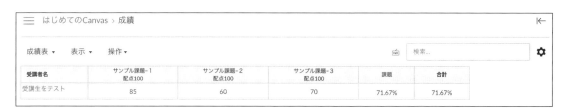

受講者名	サンプル課題-1 配点100	サンプル課題-2 配点100	サンプル課題-3 配点100	課題	合計
受講生をテスト	85	60	70	71.67%	71.67%

　また，成績表から直接スコアを入力することもできるので，手元の資料を見ながら手早く採点したい場合は，SpeedGrader から個別に採点するよりも成績表から一気に採点してしまった方が便利です。

　成績表の右端には総合成績がパーセント表示されます。総合成績は自動で計算され，入力はできません。

　成績表の確認をしたところで，講師の作業は一通り終了しました。後は，受講生ビューから成績が受講生に対してどのように表示されるか確認してみましょう。

3.5　受講生ビューからコースを体験する：その2

3.5.1　受講生ビューから成績確認

　コースホームページの右上にある「受講生ビュー」ボタンをクリックして，再び受講生ビューを開きます。

> **注意**
>
> 　受講生ビューから見たホームページのサイドバーのタスクの下には何も表示されていませんが，実際に受講生向けに表示されるホームページのサイドバーには，「最近のフィードバック」として自分の提出物に対するスコアやコメントなどのフィードバックが表示されます。受講生ビューはあくまでチェック機能であるので，フィードバックまでは再現していません。

コースナビゲーションの「成績」をクリックして成績表を表示します。

　自分の提出物のスコアを確認できます。スコア右横のアイコンをクリックしてコメントを確認することができます。

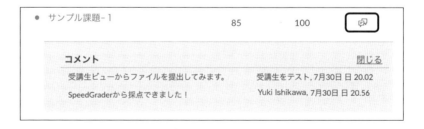

　以上で，Canvas ユーザアカウント作成およびコース作成から採点までの流れを体験することができました。いかがだったでしょうか？

　単純な基本的な機能のみの紹介でしたが，Canvas LMS のコースで指導するイメージをつかむことができたのではと思います。

第4章 さまざまな教材を作成する

課題をはじめ，さまざまな教材の作成方法について説明します。

　第3章では，必須の項目のみ設定した課題を作成しました。実際にコースで指導する際には，授業に合わせてもっと詳しく設定する必要があります。また，Canvas LMS には課題以外にもページ，ファイル，ディスカッション，クイズとさまざまな教材の機能が用意されています。

　本章では，このような教材の作成方法を知るために新たにコースを作成し，さまざまな教材を作成します。

＜本章で学ぶこと＞

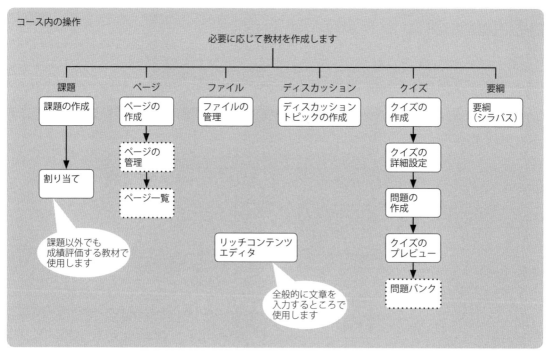

4.1		課題	
	4.1.1	課題の作成	第 3 章で作成した課題よりも，さらに細かな設定をした課題を作成します。
	4.1.2	割り当て	課題やクイズ，課題ディスカッションなどの教材に，対象者や期日を設定します。
4.2		ページ	
	4.2.1	ページの作成	ページ（HTML 資料）を作成します。
	4.2.2	ページの管理	作成した各ページの編集履歴の確認や，Front Page の設定をします。
	4.2.3	ページ一覧	作成したページを複製します。
4.3		ファイル	
	4.3.1	ファイルの管理	コースにアップロードされたファイルを管理します。必要に応じて受講生からのアクセスを制限します。
4.4		ディスカッション	
	4.4.1	ディスカッショントピックの作成	ディスカッションのトピックを作成します。
4.5		クイズ	
	4.5.1	クイズの作成	クイズやサーベイを作成します。
	4.5.2	クイズの詳細設定	クイズのクイズタイプや解答方法，解答後の表示について設定します。
	4.5.3	問題の作成	さまざまなタイプの問題を作成します。
	4.5.4	クイズのプレビュー	受講生からのクイズの見え方を確認します。
4.6		要綱［シラバス］	
	4.6.1	シラバスの設定	シラバスを編集します。
4.7		教材作成に役立つ機能	
	4.7.1	リッチコンテンツエディタ	編集画面でエディタを使って画像やリンク，数式，またはメディアなどを挿入します。
	4.7.2	問題バンク	問題バンクを管理します。

　さまざまな教材を作成するためのコースを新たに作成します。コースの作成方法については，第 3 章の 3.2.1 項「コースの作成」を参照してください。

4.1　課題

4.1.1　課題の作成

　受講生にレポートを提出させる課題を作成します。第 3 章で作成した課題よりも詳しく項目を設定していきます。

　課題一覧の「＋課題」ボタンをクリックして課題を作成します。

第 3 章の 3.2.2 項「課題の作成」と同じように，課題名，説明，配点を入力します。

課題名は必須項目です。

課題の説明にはリッチコンテンツエディタを使用して，画像やテキスト，リンク，数式，またはメディアなどを挿入します。詳しい使い方については 4.7.1 項「リッチコンテンツエディタ」を参照してください。

❶　課題グループ

課題グループは課題をグルーピングしてグループごとに成績を管理できる機能です。Canvas LMS の操作に慣れた方向けの機能なので，今は既定値の設定のままでかまいません。詳しくは第 6 章の 6.3.7 項「課題グループ」を参照してください。

❷　成績の表示方法

成績の表示方法には以下の選択肢があります。それぞれ選択すると，成績が以下のように表示されます。

●**割合**：講師がスコアを入力すると，スコア／配点のパーセンテージが自動計算され表示されます。

●**完了／未完了**：講師は完了か未完了かを選択します。スコアとしては完了＝フルスコア，未完了＝0 点となります。

●**ポイント**：講師が入力したスコアがそのまま表示されます。

●**ABC 評価**：講師がスコアを入力すると，採点スキーム表に従って自動的に ABC 値に変換表示されます。採点スキームはあらかじめ設定しておきます（ABC 評価を選択すると，採点スキームの編集画面へのリンクが表示されます）。

- **GPA スケール**：ABC 評価と同じように，スコアを入力すると採点スキーム表に従って，GPA 値が表示されます。採点スキームはあらかじめ設定しておきます。
- **未採点［採点なし］**：採点しない課題にすることができます。タスクや練習用の課題にしたい場合に設定します。未採点［採点なし］を指定した課題には，オンライン提出をすることはできません。

❸ **この課題を最終成績に含めないでください**

この項目をチェックすると，課題のスコアは総合成績から除外されます。一部の受講生への追試課題など，コースの成績に反映したくない場合に使用します。

❹ **提出物のタイプ**

提出物のタイプには以下の選択肢があります（上図）。

- **提出なし**：提出物のない課題にできます。たとえば，プレゼンテーションや楽器演奏のライブパフォーマンスを評価する場合や授業態度の評価など，提出物を必要としない場合に使います。提出物はありませんが SpeedGrader や成績表から採点できます。

- **オンライン**：オンラインで提出物を提出できます。オンラインでの提出形態をオンライン入力オプションで指定できます（下図）。複数指定することも可能です。
  - **テキスト入力**：受講生に対してテキスト入力フォームが表示されます。
  - **Web サイトの URL**：受講生に対して URL の入力フォームが表示されます。
  - **ファイルのアップロード**：受講生に対してファイルアップロードフォームが表示されます。「アップロードするファイル タイプを制限」をチェックしてファイルの拡張子（PDF ファイルであれば「pdf」，Word ファイルであれば「docx」）を指定すると，受講生は指定された拡張子以外のファイルを提出できなくなります。
- **筆記**：対面授業でプリントを提出させる場合に指定します。Canvas LMS への提出はありませんが，SpeedGrader や成績表から採点できます。「提出なし」との違いは，受講生向けの画面に「筆記」と表示されることです（「提出なし」は画面に「なし」と表示されます）。
- **外部ツール**：応用的な使い方です。コースに連携した外部ツールを使用して提出物を提出させる場合に使用します。たとえば，剽窃チェックツールの TurnItIn を使う場合はコースに TurnItIn を連携させ，外部ツールとして指定します。外部ツールの連携については，第 5 章の 5.5.4 項「外部アプリ」を参照してください。

❺ **提出の試行**

　受講生の提出回数を制限できます。オンライン提出にのみ有効です。提出回数を制限する場合は「制限あり」を選択し，回数を入力してください。

❻ **グループ課題**

　課題をグループ課題にすることができます。グループ課題は受講生グループを対象とした課題です。受講生はグループメンバーが利用できるグループホームページで共同作業を行い，提出物を作成します。ある程度 Canvas LMS の操作に慣れた方向けの機能です。

❼ **ピアレビュー**

　課題をピアレビュー課題にすることができます。ピアレビュー課題は，受講生がお互いの提出物をレビューし，コメントすることができる課題です。講師は受講生とレビュー対象の提出物をマッチングする必要があります。この機能も，ある程度 Canvas LMS の操作に慣れた方向けです。

❽ **匿名での採点**

　このオプションをチェックすると，Speed Grader で受講生の名前を非表示にして採点できます。

❾ **割り当て**

　課題の対象者や提出期限，提出可能な期間を指定します。詳細は後述する 4.1.2 項「割り当て」を参照してください。

　設定項目の入力ができたら「保存」ボタンをク

リックして，課題の設定を保存します。

　作成した課題を確認して，画面右上の公開ステータスから課題を公開します（前ページの下図）。

4.1.2　割り当て

　割り当てで成績評価の対象となる教材（課題やクイズ，課題ディスカッション）に対象者や期日を設定します。

❶　**割り当てられる（必須）**

　採点が必要な教材の対象者を指定します。既定の設定ではコースの受講生全員が対象となります。受講生を個別に指定することもできます。たとえば，追試用の課題を特定の受講生のみに割り当てる，複数の課題を用意して受講生別に異なった課題を割り当てるなどの使い方ができます。

　コースにセクションや受講生グループが存在する場合は，セクションやグループを指定することもできます。セクションや受講生グループについてはそれぞれ，第 5 章の 5.5.2 項「セクション」，5.5.3 項「受講生グループ」を参照してください。

❷　**締切日**

　必要に応じて，課題の提出期限を指定します。締切日を過ぎても受講生は提出物を提出可能ですが，「遅延」ステータスが付きます。

❸　**次から使用可能**

　必要に応じて，使用可能期間の開始日時を指定します。ここで指定した日時より前に受講生がアクセスしても「（日時）までロックされています」と表示され，提出することはできません。

❹　**次の日時から［次の日時まで］**

　必要に応じて，使用可能期間の終了日時を指定します。ここで指定した日時より後に受講生がアクセスしても「（日時）にロックされました」と表示され，提出することはできません。

　割り当ては「＋追加」をクリックして追加することができます（下図）。

4.2　ページ

4.2.1　ページの作成

ページでは，エディタを使って簡単に HTML 資料を作成することができます。主に受講生への資料として使います。

コースナビゲーションの「ページ」をクリックして，ページ一覧画面に遷移します。

ページを新規作成する場合は，ページ一覧の右上の「＋ページ」ボタンをクリックします。
ページ編集画面に遷移します。

❶　ページ名（必須）

　　ページ名を入力します。1 つのコース内に同じタイトルのページを複数作成することはできません。他のページと被らないページ名を入力してください（課題やクイズについては同じタイトルで複数作成できます）。

❷　ページ内容

　　ページの内容を入力します。リッチコンテンツエディタを使用して，画像やテキスト，リンク，数式，またはメディアなどを挿入します。詳しい使い方については，4.7.1 項「リッチコンテンツエディタ」を参照してください。

❸　このページの編集を許可されたユーザー

　　このページを編集できるユーザの役割を「講師のみ」「講師と受講生」「全員」から指定します。

　　もともと Canvas LMS のページは「Wiki ページ」とも呼ばれており，ウィキペディアのように

コースの参加者が自由に書き込むことを想定した機能です。

　通常，コースの教材は講師やコースデザイナー，TA が編集するもので，受講生やその他のユーザは編集できませんが，ページについては例外的に受講生やその他のユーザにも編集させることができます。

❹　受講生のタスクに追加

　このページを特定の日時に閲覧するように受講生に指示する場合に使います。ページには課題の期日のように日時を指定することはできませんが，このオプションをチェックすると，日時を指定して，受講生のタスクリストに表示することができます。タスクリストについては，補足①の(1)②「リストビュー」を参照してください。

　ページ項目の入力ができたら，ページの設定を保存します。一時保存の場合はページ編集画面下部にある「保存」ボタンを，保存とともに公開するのであれば，「保存して公開」をクリックします。

　保存だけしたページを右上の「公開」ボタンをクリックして後から公開することもできます。

　ページを公開にすると，コースを公開すると同時に受講生がこのページにアクセス可能となります。

| すべてのページを表示 | | ✅ 公開済み | ✎ 編集 | ⋮ |

ブラウザと検索エンジン

インターネットのWebサイトを表示するときには，ブラウザと呼ばれるアプリケーションプログラムを利用します．ブラウザは，スマートフォンやPCに標準でインストールされていますが，OS(Operating System)毎に標準でインストールされているブラウザが違います．また，ブラウザの検索窓からキーワードでWebページを検索することができますが，ブラウザ毎に標準で設定されている検索エンジン(インターネット上の情報を，キーワードなどで検索するためのシステム)が違います．自分のPCやスマートフォンを確認してみましょう．

Googleの検索オプション-1.pdf ↓

代表的なOSとブラウザ，検索エンジン

情報端末	OS	ブラウザ	検索エンジン
PC	Windows10	Edge	Bing
mac	macOS	Safari	Google
iPhone，iPad	iOS	Safari	Google
iPhone, iPad以外のスマートフォン，タブレット端末	Android	Chrome	Google

4.2.2　ページの管理

作成したページ右上の縦三点リーダー「：」メニューから，このページを管理できます。

❶　ページ履歴の表示

　編集日時と編集者が一覧表示され，ページに加えられた編集履歴を確認できます。一覧の項目をクリックすると，編集内容を確認できます。さらに，項目の「このリビジョンを復元」リンクをクリックすると，編集前の状態に戻すこともできます。

❷　Front Page として使用

　ページを Front Page として指定すると，コースホームページ（コースに入ると最初に表示されるページ）に表示することができます。

　たとえば，受講生の興味を引くような画像や動画を使ったページを作成し，Front Page の指定をした後，さらにコースホームページとして Front Page を指定します。コースホームページの指定方法については，第 5 章の 5.4.1 項「コースホームページの設定」を参照してください。

4.2.3　ページ一覧

コースで作成したページは，ページ一覧に反映します。

ページ名の右端の縦三点リーダー「：」のメニューからも，このページを管理できます。

❶　重複［複製］

　課題と同じようにページも複製できます。ただし，1 つのコース内に同じタイトルのページは存在できないため，複製したページ名には自動的に「コピー」が追加され，2 回目以降は数字が追加

されます。

4.3　ファイル

4.3.1　ファイルの管理

　コース内では，モジュールに資料ファイルを追加する，課題にファイルを添付する，またはページに画像ファイルを貼り付けるなど，さまざまな画面からファイルをアップロードできます。コースにアップロードされたファイルを，ファイル画面で一元管理できます。

　コースナビゲーションの「ファイル」をクリックします。

　コースのモジュールへの追加や課題へのファイル添付など，他の画面からアップロードされたファイルは，このファイル一覧に反映します。ファイルやフォルダはアルファベット順に配置され，並べ替えることはできません。

❶　「アップロード」ボタン

　ファイルをアップロードできます。「アップロード」ボタンを使わなくても，ファイル一覧にファイルをドラッグアンドドロップしてアップロードすることもできます。

❷　「＋フォルダ」ボタン

　フォルダを作成できます。ファイルをドラッグアンドドロップでフォルダ内に整理できます。

❸　「︙」表示

　ファイルやフォルダにマウスオーバーすると，右端に縦三点リーダー「︙」が表示されます。メニューからファイル名の変更やダウンロード，削除ができます。

⑴　ファイルツールバー

　ファイルを選択すると，画面上部にファイルツールバーが表示されます。ツールバーではファイルのプレビューやアクセス制限の管理，ダウンロード，移動，削除などの操作ができます。

❶　「⊗」表示（アクセスの管理）

　受講生によるファイルへのアクセスを制限できます。

　「アクセスの管理」アイコンをクリックして，「○個のアイテムの権限を編集」画面を表示します。

❷　公開

　受講生に対して，このファイルへのアクセスを可能にします。

❸　未公開

　受講生に対して，このファイルへのアクセスを不可とします。受講生向けファイル画面にこのファイルは表示されません。

❹　リンク付きの受講生のみ利用可能です〔受講生はリンクからのみ利用可能です〕

　「未公開」と同じように，受講生に対してこのファイルへのアクセスを不可とします。受講生向けファイル画面にもこのファイルは表示されません。

　ただし，受講生はモジュール内のファイルリンクや課題からのリンク，添付ファイルリンクからはこのファイルにアクセス可能となります。つまり，受講生がファイル単体にアクセスすることは制限するが，授業の一部としてアクセスすることは許可するという設定になります。

❺　受講生の利用可能状況をスケジュール

　受講生がこのファイルにアクセス可能な期間を指定します。

　アクセスの管理は，ファイルツールバー以外にファイル右側の公開ステータスアイコンをクリックして設定することもできます（次ページの上図）。

ファイルの検索		0 件のアイテムが選択されました			＋フォルダ	⬆アップロード	⋮

	名前 ▲	作成日	変更日	変更者	サイズ	
▼ 🗀 情報基礎 1						
▶ 🗀 Images						
	📄 Googleの検索オプション.pdf	2021年7月31日	2021年7月31日		1.5 MB	🚫
	🗀 Images	2021年7月31日			--	🚫
	📄 タッチタイピングのコツ.pdf	2021年7月31日	2021年7月31日	Yuki Ishikawa	6 KB	✓

4.4　ディスカッション

4.4.1　ディスカッショントピックの作成

　ディスカッションは，掲示板のような機能です。講師がトピック（論題）を作成し，それについてのコメントを受講生が投稿します。もちろん，講師も投稿できます。コースの設定によっては，受講生がトピックを自由に作成することもできます。

　コースナビゲーションの「ディスカッション」をクリックします。

　画面右上の「＋ディスカッション」ボタンをクリックして，編集画面を表示します。

❶　トピックタイトル（必須）

　ディスカッショントピックのタイトルを入力します。タイトルが空欄のままだと自動的に「タイトルなし」とタイトルが付けられます。

❷　トピック内容

　ディスカッションの説明を入力します。リッチコンテンツエディタを使用して，画像やテキスト，リンク，数式，またはメディアなどを挿入します。詳しい使い方については4.7.1項「リッチコンテンツエディタ」を参照してください。

❸　投稿先

　コースの特定のセクション（管理しやすく受講生をグルーピングしたもの）を対象に，ディスカッションを作成できます。セクションについては，第5章の5.5.2項「セクション」を参照してください。

❹　添付ファイル

　ディスカッショントピックに添付ファイルを追加する場合は，「ファイルの選択」ボタンをクリックします。

必要なオプションをチェックして，設定します。

❺　スレッドでの返信を許可する

ディスカッションには，シンプルな「フォーカス型ディスカッション」と，複雑な話し合いに向いている「スレッド型ディスカッション」の2タイプがあります。

フォーカス型ディスカッションは，短期間の単純なディスカッションに向いています。元の投稿とそれに対しての返信の，2段階の入れ子構造で表示されます。

スレッド型ディスカッションは，長期間の複雑なディスカッションに向いています。返信に対する返信（入れ子構造）の段階を，どこまでも増やすことができます。

オプション

❺　☐ スレッドでの返信を許可する
❻　☐ ユーザは返信を表示する前に投稿する必要があります
　　☐ ポッドキャスト フィードを使用可能にする
❼　☐ 採点済み
　　☐ いいねをつけることを許可
❽　☐ 受講生のタスクに追加

❾　グループ ディスカッション

　　☐ これはグループ ディスカッションです

❿　次から使用可能　　　　　　　　　　🗓

⓫　次の日時まで　　　　　　　　　　　🗓

フォーカス型ディスカッション

スレッド型ディスカッション

　既定の設定では「フォーカス型ディスカッション」になりますが，複雑な「スレッド型ディスカッション」にする場合は，このオプションをチェックしてください。

❻　ユーザは返信を表示する前に投稿する必要があります

　受講生が自分のコメントを投稿するまで，他のメンバーからの投稿内容を見せないようにできます。

❼　採点済み［採点対象］

　採点対象の課題ディスカッションにできます。このオプションをチェックすると，課題と同じように配点や割り当ての設定項目が表示されます。

❽　受講生のタスクに追加

　このディスカッションを特定の日時に閲覧もしくは投稿するように，受講生に意識させたい場合に使います。課題ディスカッションでない限りディスカッションに期日を指定することはできませんが，このオプションをチェックすると，日時を指定して受講生のタスクリストに表示することができます。タスクリストについては，補足①の(1)②「リストビュー」を参照してください。

❾　グループディスカッション

　受講生グループ（グループ活動のために受講生をグルーピングしたもの）のメンバーのみが閲覧，投稿できるディスカッションを，受講生グループごとに作成できます。受講生グループについては，第 5 章の 5.5.3 項「受講生グループ」を参照してください。

❿　次から使用可能

　期間を限定してディスカッションを行う場合に，開始日時を指定します。受講生はこの日時より前に投稿することはできません。

⓫　次の日時まで

　期間を限定してディスカッションを行う場合に，終了日時を指定します。受講生はこの日時より後に投稿することはできません。

ディスカッショントピックを公開する準備ができたら，「保存して公開」ボタンをクリックします。ディスカッショントピックが下書きの場合，「保存」ボタンをクリックします。

　保存したディスカッショントピックを，右上の「公開」ボタンをクリックして，後から公開することもできます。

　ディスカッショントピックの管理については，第 7 章の 7.2.2 項「ディスカッション管理」を参照してください。

4.5 クイズ

4.5.1 クイズの作成

クイズでは，テストのようなクイズの他，サーベイ（アンケート）を作成することもできます。

クイズの作成には，クイズの設定と問題作成の2つの作業が必要です。そのため，課題やディスカッションなど他の教材に比べ，少々複雑になります。

コースナビゲーションの「クイズ」をクリックします。

画面右上の「＋クイズ」ボタンをクリックして，編集画面を表示します。

編集画面は，「詳細」タブ（クイズの詳細設定）と「質問」タブ（問題の追加）の2画面に分かれています。この2画面両方を，設定していきます。

4.5.2 クイズの詳細設定

「詳細」タブでは，クイズ全体に対しての設定を行います。

❶ **クイズ名（必須）**

クイズ名を入力します。クイズ名が空欄のままだと自動的に「名前のないクイズ」とクイズ名が付けられます。

❷ **クイズの指示**

クイズ全体についての説明を入力します。リッチコンテンツエディタを使用して，画像やテキスト，リンク，数式，またはメディアなどを挿入します。詳しい使い方については4.7.1項「リッチコンテンツエディタ」を参照してください。

❸ **クイズタイプ**

このクイズが，クイズであるかサーベイであるかを指定します。また，それぞれ採点対象であるかについても指定します。

●**練習クイズ**：成績に影響しないクイズです。受講生からの解答に応じて採点（基本的に自動採点）されスコアも表示されますが，成績表に反映しません。たとえば，受講生の理解度を確認するためのチェックテストとして使用します。

- ●採点済みのクイズ［**課題クイズ**］：成績に影響するクイズです。受講生からの解答に応じて採点され，課題と同じようにスコアが成績表に反映します。通常のテストとして使用します。
- ●採点済み［**採点対象**］のサーベイ：成績に影響するサーベイです。受講生からの回答が提出されると，あらかじめ設定されたスコアが配点されます。回答内容の正解／不正解については採点されません。オプションで回答者を匿名にできます。

  受講生に対して，サーベイへの回答を必須としたい場合に使用します。
- ●未採点［**採点なし**］のサーベイ：成績に影響しないサーベイです。通常のアンケートのように受講生から意見やその他の情報を収集できます。オプションで回答者を匿名にできます。

❹　**課題グループ**

　　課題グループは，課題をグルーピングしてグループごとに成績を管理できる機能です。Canvas LMS の操作に慣れた方向けの機能ですので，今は既定の設定のままでかまいません。詳しくは，第 6 章の 6.3.7 項「課題グループ」を参照してください。

受講生へのフィードバックや解答方法についてのオプションを，必要に応じてチェックして設定します。

❺ 解答のシャッフル

受講生に対して，選択問題の選択肢をシャッフルして出題することができます。

❻ 制限時間

クイズの解答に制限時間を設定します。チェックしない場合，受講生は制限時間なく解答することができます。

❼ 提出物の匿名状態を維持

サーベイのみに表示されるオプションです。匿名アンケートにすることができます。講師に対して，回答者の名前は表示されません。

❽ 複数回の試行を許可

受講生に複数回解答させることができます。さらに，解答可能な回数とスコアの保持（複数回解答のスコアをどのように成績に反映するか）について設定できます。このオプションをチェックしない場合，受講生は1回しか解答できません。

❾ 受講者にクイズ回答を見せる

受講生に対して，解答後にフィードバック（どの解答が正解／不正解であるか）を表示することができます。さらに，フィードバックの表示タイミング（解答直後のみ表示／解答後は常に表示）を設定できます。また，不正解の問題に対しての正解表示について設定することもできます。

このオプションをチェックしない場合は，受講生に対してスコアのみが表示されます。

オプション

❺ ☑ 解答のシャッフル

❻ ☑ 制限時間　10　分

❼ ☐ 提出物の匿名状態を維持

❽ ☑ 複数回の試行を許可
　　　保持するクイズ スコア　最高
　　　☑ 許可されている試行回数　3

❾ ☑ 受講者にクイズ回答を見せる（不正解の質問は、受講者のフィードバック内でマークされる）
　　　☐ 最終試行後のみ
　　　☑ 各試行の後一度のみ
　　　☐ 受講生に正解を表示

❿ ☐ 一度に1つの問題を表示する

クイズの制限

⓫ ☐ アクセス コードを要求

☐ IPアドレスをフィルターにかける

⓬ 割り当て

割り当てられる

全員　×

締切日

2021年8月6日 23:59

次から使用可能　　　次の日時から

2021年8月2日 0:　　2021年8月7日 23:

＋ 追加

❿　一度に 1 つの問題を表示する

受講生に対して，問題を 1 問ずつ表示して解答させることができます（問題 1 表示 → 解答 → 問題 2 表示 → 解答 → 問題 3 表示…）。さらに，一度解答した問題に戻れないように制限することもできます。

このオプションをチェックしない場合，すべての問題が一画面に表示されます。

⓫　アクセスコードを要求，IP アドレスをフィルターにかける

不正防止のため，受講生が解答する際のアクセスコードや受験する場所の IP アドレスを指定することができます。

⓬　割り当て

クイズの対象者や解答期限，解答可能な期間を指定します。詳細については，4.1.2 項「割り当て」を参照してください。

クイズの詳細設定は以上で終了です。続けて問題を作成します。

4.5.3　問題の作成

問題を作成します。「質問」タブをクリックします。

画面下部の「＋新しい問題」ボタンをクリックして，問題を新規作成します。

❶　問題名

問題名を入力します。受講生に対してこの問題タイトルは表示されず，代わりに問題 1，問題 2 のように数字の連番が表示されます。

❷　問題タイプ

ドロップダウンメニューから問題タイプを指定します。小論文問題，ファイルアップロード問題以外の問題タイプは自動採点されます。

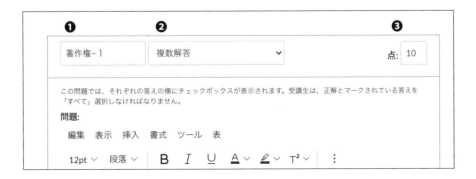

● **複数選択**：正解を1つ選択させる選択問題です。

● **真/偽**：いわゆる○×問題です。

● **穴埋め**：穴埋め箇所が1つの問題です。

● **複数穴埋め**：複数の穴埋め箇所がある問題です。

● **複数解答**：複数の正解を選択させる選択問題です。

● **複数ドロップダウン**：問題内に複数設けられたドロップダウンメニューから正解を選択させます。

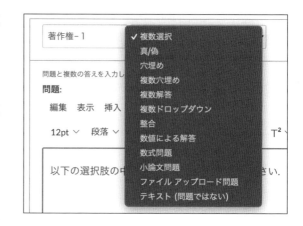

● **整合**：マッチング問題です。項目一覧のそれぞれの項目に該当する正解を，右側のドロップダウンメニューから選択させます。

● **数値による解答**：半角数字で正解を入力させる問題です。正解とする数値の範囲や，許される誤差の範囲を設定できます。

● **数式問題**：数式とその数式に含まれる変数の値の範囲を設定すると，受講生に対して計算問題が自動生成されます。

● **小論文問題**：記述問題です。手動での採点が必要です。

● **ファイルアップロード問題**：解答のファイルをアップロードさせます。手動での採点が必要です。

● **テキスト**：表示したい文章を設定します。問題ではありません。たとえば，説明文や読解問題の対象となる長文を表示したい場合に使用します。

❸ **点**（前ページの下図）

問題の配点を入力します。

選択した問題タイプに応じた設定フォームが表示されます（次ページの図）。設定フォーム上部に問題の作成についての説明が表示されます。説明を参考に，問題文や選択肢，正解，コメントを入力します。

コメント（点線部分）は，フィードバックとして表示されます。全員に表示するコメント以外に，正解や不正解，選択肢ごとに登録することができます。

ポイント

　コメントを利用して，たとえば，正解した受講生には発展的な情報を表示する，不正解の受講生にはヒントを表示して再解答を促す，間違いやすい選択肢になぜ間違うのかアドバイスするなど，受講生の解答に合わせたフィードバックを表示することが可能です。

作成した問題は，「問題の更新」ボタンをクリックして保存します。

注意

　「問題の更新」をクリックしない場合，クイズを保存しても問題は更新されません。

以上で，問題を1つ作成できました。

　この他，問題作成の方法として，問題バンクを使用した方法があります。

　「問題の検索」ボタンをクリックすると，問題バンクに蓄積された問題を検索して，クイズに追加することができます。問題バンクについては，4.7.2 項「問題バンク」を参照してください。

　追加したい問題をチェックして画面下部の「問題の追加」ボタンをクリックすると，問題バンクの問題をクイズに追加できます。

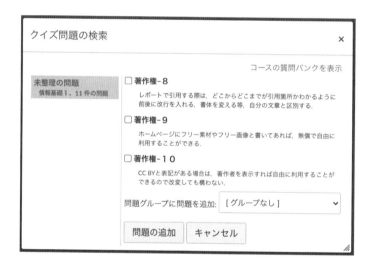

　問題グループを使用すると，複数作成した問題からランダムに出題できます。

　「＋新しい問題グループ」ボタンをクリックすると，問題グループを作成して問題をランダムに出題することができます。

　「詳細」タブと「質問」タブの編集が終わり，クイズを公開する準備ができている場合は，「保存して公開」ボタンをクリックします。クイズが下書きの場合は，「保存」ボタンをクリックします。

> **注　意**
>
> 　作成したクイズはどのように受講生に出題されるかわかりにくいので，このタイミングで公開することはお勧めしません。プレビューを使って動きを確認してから公開した方がよいでしょう。

4.5.4　クイズのプレビュー

　クイズ画面の右上にある「プレビュー」ボタンをクリックすると，作成したクイズが出題され，解答することができます。受講生に対してどのように表示されるかを確認できます。

　プレビューでクイズの内容を確認したうえで「公開」ボタンをクリックすると，受講生にクイズが公開されます。

> **注　意**
>
> 　クイズが公開された後で設定や問題を変更することはできますが，すでにクイズに解答済みの受講生がいる場合は，成績に影響する可能性があります。後から変更することがないよう，プレビューや受講生ビューからしっかり確認しましょう。

4.6　要綱［シラバス］

4.6.1　シラバスの設定

　シラバスにはページと同じような編集画面が用意されており，講師はコースについて受講生に伝えたいことをフリーフォーマットで記述します。設定項目はとくにありません。

　画面下部にはコース内の課題やタスク，コースの予定がサマリーとして表示されます。

　コースナビゲーションの「要綱［シラバス］」をクリックします。

　コースについて記述する場合は，画面右上の「編集」ボタンをクリックして，編集画面を表示します。

❶　要綱［シラバス］の記述

　シラバスを記述します。リッチコンテンツエディタを使用して，画像やテキスト，リンク，数式，またはメディアなどを挿入します。詳しい使い方については，4.7.1 項「リッチコンテンツエディタ」を参照してください。

　「要綱［シラバス］の更新」ボタンをクリックして，記述した内容を保存します。

❷　コースサマリー

　コース内の課題とイベントが自動的に時系列で表示されます。この表示内容は，直接編集できません。

　課題は公開，未公開にかかわらず，すべて講師向けの要綱［シラバス］画面に表示されます。受講生向け画面では，公開された課題のみを表示します。

　サマリーの表示内容は，課題またはイベントを編集，削除することで反映させることができます。

4.7　教材作成に役立つ機能

4.7.1　リッチコンテンツエディタ

　課題やページ，ディスカッション，クイズ，アナウンス，シラバスのコンテンツの編集にリッチコンテンツエディタを使用して，画像やビデオコンテンツ，数式，その他のリッチメディアを埋め込むことができます。

　メニューバーとツールバーが表示されていますが，利用できる機能は同じです。

❶　メニューバーから機能メニュー選んで使用します。下のツールバーとほぼ同じ機能が使用できます。

❷　テキストの書式を変更できます。

❸　リンク，画像，メディア，ドキュメントを挿入できます。

　サブメニューから「コース」を選択すると，コース内のリンクや画像，メディアやドキュメント（ファイル）を挿入できます。

❹　コースに連携した外部アプリを利用できます。

❺　段落のフォーマットを変更できます。

❻　表を追加できます。

❼　数式を挿入できます。

❽　画像，動画などのメディアを埋め込むことができます。

❾　HTML Editor に切り替えて，HTML タグを使用して記述することができます。

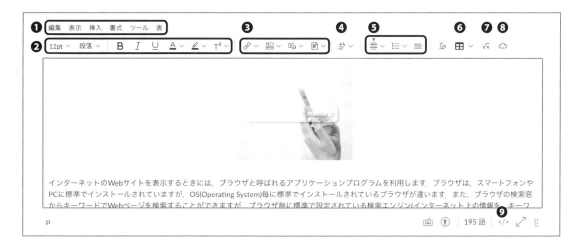

4.7.2　問題バンク

　クイズやサーベイで新規作成された問題は，自動的にコースの問題バンクに蓄積されます。問題バンクに蓄積された問題を検索して，クイズに追加することができます（次ページの上図）。

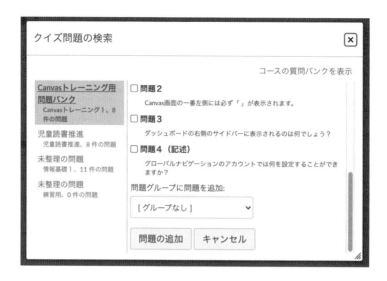

　問題バンクから追加した問題は，クイズの内容に合わせて編集できます。編集した内容は問題バンクに蓄積されている問題には影響しません。たとえば，同じような形式の問題を複数作成する場合にテンプレートとして使うこともできます。

　クイズを作成しているコースだけでなく，自分が担当している他コースの問題バンクから問題を追加することもできます。つまり同じような内容の複数のコースを担任している場合，その複数コースで過去問を使いまわすことができます。

　また，何回も再利用することがわかっている汎用的な問題であれば，あらかじめ問題バンクに直接問題を作成しておくのも一案です。

　問題バンクの管理や，直接問題を作成する場合は，クイズ一覧右上の縦三点リーダー「：」のメニューから問題バンクの管理画面に遷移できます。

　問題バンクをまだ編集していない場合，コースで作成した問題は「未整理の問題」問題バンクに蓄積されます。バンク名の変更や，問題バンクの新規作成ができます。

> ## コラム
>
> ### 動画配信サービスやオンライン会議システムを使う方法
>
> 　近年，動画配信サービスやオンライン会議システムを利用したオンライン授業が増えてきています。
> 　Canvas LMS のコースで動画配信やオンライン会議を実施する場合は，動画配信サービスやオンライン会議システムを外部ツールとしてコースに連携してから，モジュールに追加する，またはリッチコンテンツエディタから課題やページに埋め込むなどして使います。外部ツールの連携については，第 5 章の 5.5.4 項「外部アプリ」を参照してください。
>
> **(1)　モジュールに追加する方法**
>
> 　モジュールへの追加方法については，第 5 章の 5.2.1 項「モジュール管理」で詳しく説明しますが，以下の例では「Vimeo」を選択し，追加したい動画を検索してモジュールに追加しています。
>
>
>
> モジュールに外部ツールとして
> Vimeo の動画を追加します。
>
>
>
> **(2)　リッチコンテンツエディタから追加する方法**
>
> 　リッチコンテンツエディタのアプリから，追加したい外部ツールを選択して追加します。以下の例では「Vimeo」を選択し，追加したい動画を検索してページに埋め込んでいます。

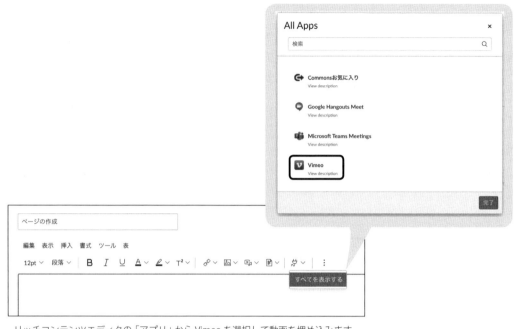

リッチコンテンツエディタの「アプリ」から Vimeo を選択して動画を埋め込みます。

※ Free For Teacher の場合，Canvas LMS と連携させる会議システムとして「BigBlueButton」がコースに用意されています。改めて外部ツール連携をしなくても，コースナビゲーションの「会議」から BigBlueButton の会議を作成できます。

第5章 コースの設定と公開

実際のコースでの指導に必要な受講生の登録やコース設定，コース公開を行います。モジュールで受講生の学習の流れをコントロールする方法についても紹介します。

第3章でコース作成〜運用の流れを体験しましたが，実際のコースでの指導には受講生の登録やコース設定が必要です。また，モジュールについても第3章では授業フローについてのみ説明しましたが，受講生の学習進捗をコントロールできる機能もあります。そのような機能についても紹介しながら，コース公開までの操作を行います。

受講生の登録を行いますので，事前に受講生として利用できるEメールアドレスを用意してください。

＜本章で学ぶこと＞

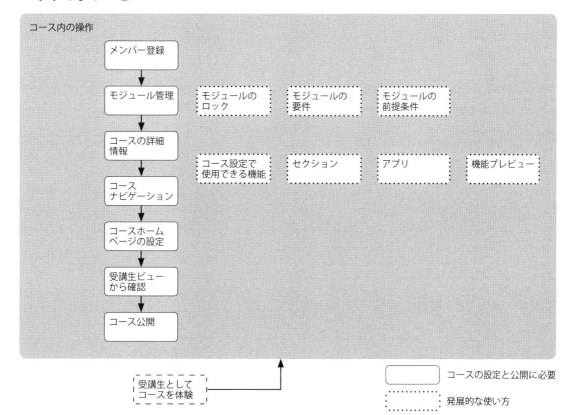

5.1		メンバー	
	5.1.1	メンバー登録	コースに受講生を登録します。
5.2		モジュール	
	5.2.1	モジュール管理	モジュールにさまざまな教材を追加します。 モジュールから教材を新規作成します。
	5.2.2	モジュールのロック（日時指定）	モジュールに指定日時まで受講生がアクセスできないようにロックをかけます。
	5.2.3	モジュールの要件	モジュールの要件（受講生がモジュールを完了するための必要条件）を指定します。
	5.2.4	モジュールの前提条件	モジュールの前提条件（受講生がモジュールにアクセスするための必要条件）を指定します。
5.3		コースの設定	
	5.3.1	コースの詳細情報	コース名やコースコードの編集，タイムゾーンやコースの表示言語などの詳細情報を設定します。
	5.3.2	コース設定で使用できる機能	コースの削除や完了，その他の機能を使ってコースを管理します。また，コースのコピーやエクスポート・インポート機能でコンテンツを再利用します。
	5.3.3	セクション	コースのセクションを一覧・管理します。
	5.3.4	コースナビゲーション	コースナビゲーションを設定します。
	5.3.5	アプリ	コースの外部アプリを一覧・管理します。
	5.3.6	機能プレビュー	コースに機能オプションを追加します。
5.4		コース公開	
	5.4.1	コースホームページの設定	コースホームページを選択します。
	5.4.2	受講生ビューから確認する	受講生ビューからコースを確認します。
	5.4.3	コース公開	コースを公開して，受講生からアクセスできるようにします。
	5.4.4	受講生としてコースを体験	受講生として招待メールからコースにアクセスし，コースを体験します。
5.5		コース公開前の操作に役立つ機能	
	5.5.1	コースの活動期間	コースの活動期間を指定します。
	5.5.2	セクション	セクションの概要を理解します。
	5.5.3	受講生グループ	受講生グループの概要を理解します。
	5.5.4	外部アプリ	コースに外部アプリを追加・管理します。
	5.5.5	コースのコピー	コースを複製して新しいコースを作成します。
	5.5.6	コースのエクスポート	コースのコンテンツをエクスポートします。
	5.5.7	コースのインポート	コースにコンテンツをインポートします。

5.1　メンバー

5.1.1　メンバー登録

第4章で作成したコースで学ぶ受講生を登録します。

コースナビゲーションの「メンバー」をクリックして，メンバー画面に遷移します。

まだメンバー一覧には，講師である自分以外に登録されていません。画面の右上の「＋メンバー」

ボタンをクリックして，受講生を追加します。

❶　〜でユーザを追加する

　コースに追加するユーザが，Free For Teacher の Canvas ユーザアカウントを持っているか検索
するためのオプションを，メールアドレス，ログイン ID，SIS ID のなかから選択します。今回は，
メールアドレスを指定しましょう。

❷　メールアドレス

　追加したい受講生のメールアドレスを入力します。複数の受講生を同時に追加する場合は，メー
ルアドレスをカンマで区切るか改行します。

※検索オプションにログイン ID や SIS ID を選択した場合は，それぞれログイン ID，SIS ID を入力
　します。

❸　役割

　コースにユーザを，
どのような役割で追加
するかを指定します。
講師，デザイナー，TA，
受講生，オブザーバー
から選択できます。そ
れぞれのユーザについ
ては，第 2 章の 2.2 節
「Canvas LMS のユーザ
ロール」を参照してく
ださい。ここでは受講
生を選択します。

　「次」ボタンをクリッ
クすると，入力したメー
ルアドレスのユーザが検
索されます。

＜追加するユーザがすでに Free For Teacher の Canvas ユーザアカウントを持っている場合＞

　追加するユーザがすでに Free For Teacher の Canvas ユーザアカウントを持っている場合は，検索されたユーザの名前と追加する準備ができている旨のメッセージが表示されます。

　「ユーザの追加」ボタンをクリックして，メンバーを追加します。

＜追加するユーザが Free For Teacher の Canvas ユーザアカウントを持っていない場合＞

　追加するユーザが Free For Teacher の Canvas ユーザアカウントを持っていない場合は，追加したい新規ユーザを選択する旨のメッセージが表示されます。選択したユーザのみが，コースに追加される対象となります。

❶　クリックして名前を追加する

　受講生の名前を設定します。クリックして名前を入力してください。これを追加する受講生全員分繰り返します。

　追加したいユーザ名の左にあるチェックボックスがチェックされていることを確認して，「次」ボタンをクリックします。

　ユーザを追加する準備ができている旨のメッセージが表示されるので，「ユーザの追加」ボタンをクリックして，メンバーを追加します（次ページの上図）。

　メンバー一覧に受講生が追加されました。「保留」と表示されていますが，まだ仮登録の状態です。

　公開済みのコースであれば，追加したメンバーの E メールアドレスに招待メールが送信されます。未公開コースの場合は，コースを公開すると招待メールが送信されます。

　招待メールを受信したメンバーはメールのリンクからコースにアクセスし，コースへの参加の受諾／拒否を選択します。受諾すると，コースに正式に登録され，メンバー一覧の「保留」マークが消えます。拒否を選択すると，メンバーの仮登録が削除されます。

> **注 意**
>
> 　学務や人事のシステムとデータ連携することで，アカウント管理者が受講生を一括登録しているような運用形態では，講師には受講生登録の権限が与えられていない場合もあります。

　このコースはまだ公開されていないので，招待メールは送信されていません。コースが公開されるとともに，招待メールが送信されます。

5.2　モジュール

5.2.1　モジュール管理

　第 3 章では課題のみのシンプルなモジュールを作成しましたが，モジュールには，課題以外にもクイズやページやファイル，ディスカッションなど，さまざまなコンテンツを追加できます。

　コースナビゲーションの「モジュール」をクリックして，モジュール画面に遷移します。

　モジュールを 2 個以上作成します。モジュールの作成方法については，第 3 章の 3.2.4 項「モジュールの作成」を参照してください。

　作成したモジュールのヘッダー右側にある「＋」アイコンをクリックして，モジュールの追加画面を表示します。

　「追加」ドロップダウンメニューからコンテンツのタイプを選択し，コンテンツの一覧から作成済みの教材を選択して追加します。課題やクイズ，ファイル，ページ，ディスカッション以外に以下のような教材を追加できます。

❶　テキストヘッダ

　モジュール一覧に表示したいテキストを追加します。

❷　外部 URL

　外部 Web サイトのコンテンツを，教材として使用したい場合に URL を指定します。

❸　外部ツール

　コースに連携している外部ツールを追加します。教材として追加したい外部ツールを選択して，必要な設定をします（設定内容は外部ツールによって異なります）。

　外部ツールの連携については，5.5.4 項「外部アプリ」を参照してください。

　モジュールに，自由に教材を追加してみましょう。

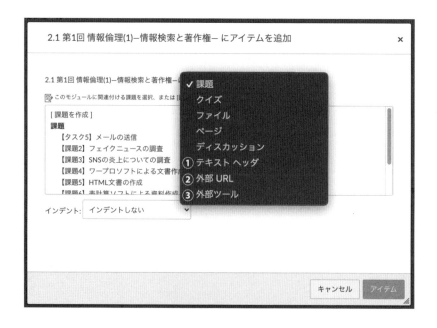

　モジュールに既存のコース教材を選択するだけでなく，モジュールからコース教材を新規作成することもできます。

❶　○○を作成

　　○○には，課題やクイズ，ファイル，ページ，トピックなど，追加ドロップダウンメニューで選択したコンテンツに対応した名称が入ります。

❷　○○名

　「○○を作成」を選択すると，コンテンツ名の入力フォームが表示されます。ファイルの場合は「ファイル選択」ボタンが表示され，アップロードしたいファイルを選択できます。

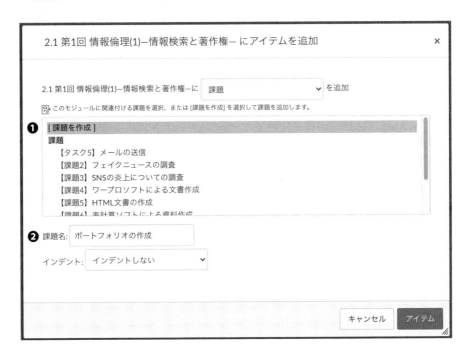

　「アイテム」ボタンをクリックすると，名前だけ設定されたコンテンツが作成されます（ファイルの場合はアップロードされます）。説明やオプション設定については，後から編集画面で設定します。

　授業フローを作成してから必要な教材を洗い出していくような作成方法のときに，大変便利な使い方です。

5.2.2　モジュールのロック（日時指定）

　特定の日付まで受講生にアクセスしてほしくないモジュールがある場合，日時指定のロックをかけて，受講生からのアクセスを制限することができます。

　モジュールヘッダー右側の縦三点リーダー「：」のメニューから「編集」を選択して，「モジュール設定の編集」画面を表示します。

　「ロック終了日時」をチェックして日時を指定すると，指定した日時まで受講生に対してモジュールがロックされます。ロックされたモジュールは受講生にグレーアウト（薄い灰色の表示）で表示され，ロックされている旨のメッセージと解除日時が表示されます。

5.2.3　モジュールの要件

　受講生がモジュールを完了するための必要条件を設定することができます。資料の閲覧，課題の提出，クイズのスコアなど，さまざまな要件を指定できます。

　モジュールに要件を設定すると，受講生の学習の進捗を確認することができます。詳しくは第7章の7.3.1項「モジュールの進捗」を参照してください。

　モジュールヘッダー右側の縦三点リーダー「：」のメニューから，「編集」を選択して「モジュール設定の編集」画面を表示します。

　「モジュール設定の編集」画面の「＋要件を追加」をクリックすると，モジュール要件の設定項目が表示されます。

　モジュールアイテムとして要件の対象となるコンテンツを指定し，さらにそのコンテンツに対して条件を指定します。ページの閲覧や課題の提出，課題やクイズで特定のスコア以上とることなどを条件として指定することができます。

　要件は「要件を追加」からいくつでも追加できます。

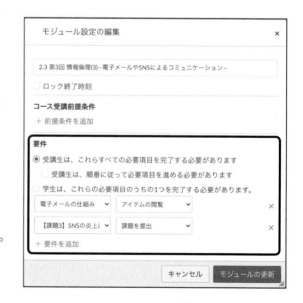

5.2.4　モジュールの前提条件

　モジュールに前提条件を指定できます。

　モジュールヘッダー右側の縦三点リーダー「：」のメニューから「編集」を選択して，「モジュール設定の編集」画面を表示します。

　「モジュール設定の編集」画面の「＋前提条件を追加」をクリックして，前提条件とするモジュールを指定します。

　受講生が前提条件に指定されたモジュールの要件を満たして完了するまで，このモジュールはロックされます。受講生が前提条件モジュールの要件を満たすとロックが外れ，アクセスできるようになります。

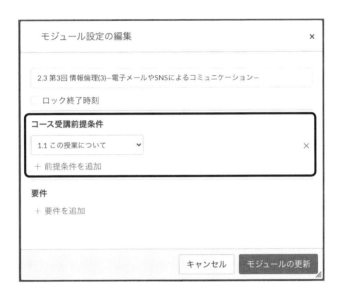

5.3　コースの設定

5.3.1　コースの詳細情報

　コースの詳細情報では，コース名やコースコードの編集，タイムゾーンやコースの表示言語などの詳細情報を設定できます。

　コースナビゲーションの「設定」をクリックして，設定画面に遷移します。設定画面は複数のタブに分かれていますが「コースの詳細情報」タブ画面を設定します。

必要に応じて，以下の項目を設定します。

❶　**画像**

コースカードに表示する画像（コースカードについては，第 8 章の 8.1 節「ダッシュボード」を参照してください）をアップロードできます。

❷　**名前（必須）**

コース名を入力します。コース作成時に設定したコース名が既定値として入力されています。

❸　**コースコード**

コースの略称を設定できます。設定したコースコードはコースナビゲーションメニューの上に表示されます。入力しない場合はコース名と同じコースコードが自動的に設定されます。

❹　**タイムゾーン**

タイムゾーンを指定します。

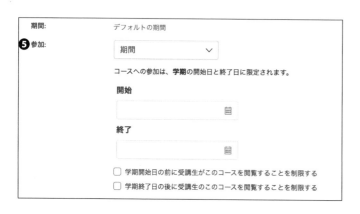

❺　**参加**

期間の指定，もしくは活動開始日時，終了日時の指定により，コースの活動期間を指定することができます。

Free For Teacher では期間を指定できないので，活動開始日時，終了日時を指定してコースの活動期間を指定します。

活動期間についての詳細は，5.5.1 項「コースの活動期間」を参照してください。

❻ 言語

コース内の表示言語を設定します。

この設定により，ユーザ設定で他言語を設定した受講生であっても，コース内ではコース設定言語が表示されます。

「設定なし」を選択した場合は，ユーザ設定で設定した言語が優先されるので，受講生ごとにそれぞれユーザ設定言語に対応した言語が表示されます。

注 意
よく誤解されますが，この設定でコントロールできるのはシステム的に表示している言語（メニューやボタン，設定項目，メッセージなど）のみです。コースに登録した教材の言語を翻訳してくれる訳ではありません。

❼ その他のオプション

コースホームページにアナウンスを表示するか，受講生がディスカッショントピックを自由に作成できるようにするかなどのオプションを，コースでの指導方法に合わせて設定します。

「シークレット URL またはコードを共有して，受講生が自分で登録できるようにする」をチェックすると，受講生が自由に自己登録できるコースにできます（下図）。

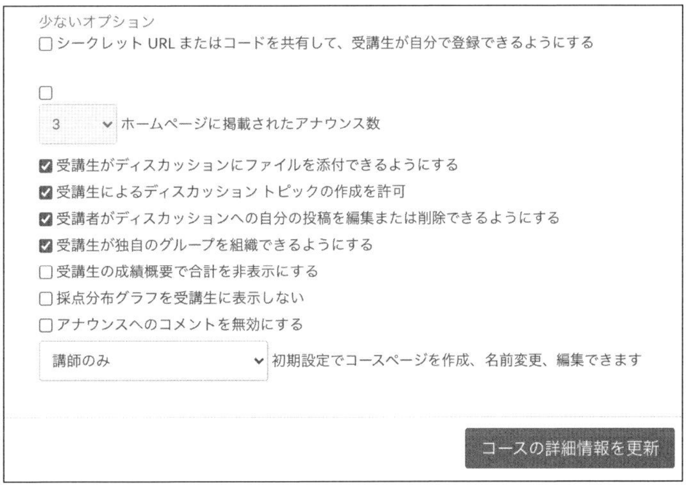

「コースの詳細情報を更新」をクリックして，変更内容を保存します。

❻言語：

設定なし (ユーザが設定可能、デフォルトは English ✔)

この設定は、どのユーザ/システムの言語設定よりも優先されます。これは、外国語コースの場合にのみ推奨されます

ファイル ストレージ：　1000 メガバイト
大コース：　☐ 学生グループがフィルタリングした SpeedGrader を開始
採点スキーム：　☐ コースの採点スキームを有効にする
使用許諾：　私有 (著作権あり) ✔ ⑦
ファイルの著作権：　☐ ファイルを公開する前に著作権とライセンス情報をファイルに提供しなければなりません。
可視性：　コースを公開する必要がある場合は、管理者/サポートに連絡してください。
　コース ✔ ⑦
　☐ このコースを公開コース インデックスに含める
形式：　設定されていません ✔
説明：

❼ その他のオプション

少ないオプション
☐ シークレット URL またはコードを共有して、受講生が自分で登録できるようにする

☐
3 ✔ ホームページに掲載されたアナウンス数
☑ 受講生がディスカッションにファイルを添付できるようにする
☑ 受講生によるディスカッション トピックの作成を許可
☑ 受講者がディスカッションへの自分の投稿を編集または削除できるようにする
☑ 受講生が独自のグループを組織できるようにする
☐ 受講生の成績概要で合計を非表示にする
☐ 採点分布グラフを受講生に表示しない
☐ アナウンスへのコメントを無効にする
講師のみ ✔ 初期設定でコースページを作成、名前変更、編集できます

コースの詳細情報を更新

> **注 意**
>
> 　大学全体や学部全体で Canvas LMS を使う場合や，ある程度規模の大きな組織で運用する場合は，アカウント管理者が運用ポリシーに従って設定済みであることが多く，講師はほとんど設定する必要がありません。講師が設定する項目としては，「コースでの使用言語」と「その他のオプション」程度です。

5.3.2　コース設定で使用できる機能

コース設定画面のサイドバーから，コース管理に役立つ機能を利用できます。

❶　このコースの終了

　コースの活動を終了します。基本的にコースは「参加」の期間や日時設定で終了しますが，手動で終了する必要がある場合に使用します。

　終了したコースは基本的に閲覧のみのコースとなります。講師は教材の編集や成績変更ができなくなります。受講生も提出物の提出やディスカッションの投稿ができなくなります。

❷　このコースを削除する

　コースを削除します。講師も受講生も削除したコースにアクセスできなくなります。

　過去のコースであっても教材確認や成績確認などでコース内を確認する可能性がある場合，コース削除はお勧めしません。コースを閉じたい場合は，期間や日時指定によるコース終了，もしくは手動によるコース終了がよいでしょう。

❸　このコースのコピー

　現在のコースをコピーして複製します。コースコピーについての詳細は，5.5.5 項「コースのコピー」を参照してください。

❹　コース内容をインポートする

　他のコースから教材や設定をコピー，もしくはファイルからインポートすることができます。イ

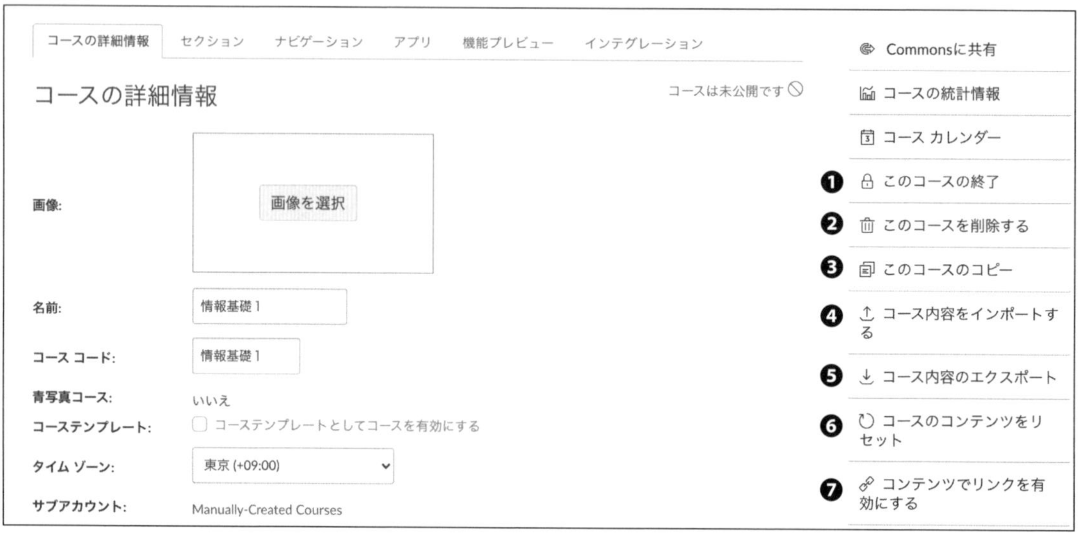

ンポートについての詳細は，5.5.7 項「コースのインポート」を参照してください。

❺ **コース内容のエクスポート**

　コースをエクスポートパッケージファイルとしてダウンロードできます。エクスポートについての詳細は，5.5.6 項「コースのエクスポート」を参照してください。

❻ **コースのコンテンツをリセット**

　コースのコンテンツがすべてリセットされます。リセットされたコンテンツは復元できないので，よく確認したうえで使用してください。

❼ **コンテンツでリンクを有効にする**

　コース内でリンク切れを起こしているコンテンツを検索，リストから確認することができます。

5.3.3 セクション

　「セクション」タブ画面で，コースのセクション（管理しやすく受講生をグルーピングしたもの）を管理します。セクションを新規作成することもできます。

　セクションについての詳細は，5.5.2 項「セクション」を参照してください。

5.3.4 コースナビゲーション

　コースナビゲーションを設定します。スムーズなコース運用のため，受講生に表示するメニュー項目はモジュールを中心に必要最低限にとどめることをお勧めします。詳しくは，第 3 章の 3.2.5 項「コースナビゲーション設定」を参照してください。

5.3.5 アプリ

　「アプリ」タブ画面で，コースに外部アプリを追加できます。

　「アプリセンター」で連携したいアプリを検索し「＋アプリの追加」をクリックすると，コースに追加することができます。アプリについての詳

細は，5.5.4 項「外部アプリ」を参照してください。

5.3.6　機能プレビュー

「機能プレビュー」タブ画面で，コースに機能オプションを追加できます。

Canvas LMS では新しい機能を機能オプションとして提供し，アカウント管理者や講師の判断でコースに追加できるようになっています。

機能の「状態」をクリックして，有効または無効に切り替えます。各機能については，機能の左にある矢印をクリックすると説明が表示されます。

| コースの詳細情報 | セクション | ナビゲーション | アプリ | **機能プレビュー** | インテグレーション |

🔍 検索

コース

機能	状態
＞ Discussions/Announcements Redesign (BETA)	⊗
＞ ePub エクスポート	⊗
＞ 外部コラボレーションツール	⊗
∨ 学習達成度の成績表 学習達成度成績表を使用すると、教師はコースの学習成果について受講生とコースの 進行状況を迅速に確認できるようになります。成績は成績表のような 形式で表示され、生徒の進行状況は数値スコアおよび、達成/近い 達成/修復可能の両方で表示されます。	✔
＞ 管理された採点	⊗
＞ 結果の追加クレジットを許可する	⊗
＞ 受講生の学習達成度の成績表	⊗
＞ 熟達の過程	⊗
＞ 匿名インストラクターの注釈	⊗

5.4　コース公開

5.4.1　コースホームページの設定

受講生がコースにアクセスするときに，最初に表示される画面（コースホームページ）を選択します。コースホームページのサイドバー「ホームページの選択」ボタンをクリックします（次ページの左図）。「コースのホームページを選択」画面がポップアップ表示されます（次ページの右図）。

コースにアクセスした受講生に対して，最初に表示したいコンテンツを選択します。

アクティビティストリーム，ページ，モジュール，課題リスト，シラバスのいずれかを選択します。

ページを選択した場合，Front Page に指定されたページが表示されます。Front Page をまだ指定していない場合，この選択肢がグレーアウトされ選択できません。

> **ポイント**
>
> 　一般的にはモジュールを選択するケースが多いですが，親しみやすいページを作成して，受講生のモチベーションが上がるようなコースホームページにするのも一案です。

5.4.2　受講生ビューから確認する

受講生ビュー機能を使用して，コースの内容を受講生の目線で確認します。

コース内の画面右上にある「受講生ビュー」ボタンをクリックして，受講生ビューを開きます。

第3章でも説明しましたが，受講生ビューを使用して，課題の提出やクイズへの解答，ディスカッションへの投稿など，受講生と同じようにコースを体験できます。

> **注意**
>
> 　講師目線では完成しているように見えるコースでも，受講生目線で確認すると，想定通りに設定できていなかった（例：教材やモジュールの公開忘れなど）ということがよくあります。
>
> 　コースを公開する前に，コース内のコンテンツをもれなく受講生ビューから確認することをお勧めします。

受講生ビューで受講生として行動した結果は，「受講生をテスト［テスト用受講生］」ユーザとして記録されます。たとえば，受講生ビューから提出した提出物がどのように見えるのかを確認したい場合は，受講生ビュー終了後に，テスト用受講生ユーザからの提出物を確認します。

テスト用受講生ユーザの存在は，他受講生からは非表示となります。テスト用受講生ユーザの成績

が，クラスの成績に影響することもありません。

　もし，受講生ビューからの行動の結果をリセットしたい場合は，受講生ビューを終了する前に「受講生のリセット」ボタンをクリックしてください。

5.4.3　コース公開

　受講生ビューからのチェックが終わったら，いよいよコースを公開します。

　コースホームページのサイドバー，またはダッシュボードでコースを公開できます。

　コースホームページから公開する場合は，サイドバー上部「コースステータス」の「公開」をクリックします（上図）。

　ダッシュボードから公開する場合は，コースカードの「公開」ボタンをクリックします（中図）。

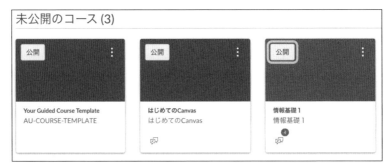

　コースが公開されると，コースのステータスが更新された旨のメッセージが表示され，「コースステータス」の「公開」ボタンが緑色の「公開済み」に変更されます（下図）。

注意

　一度でも成績に関係する活動が行われたコースを，公開から非公開に変更することはできません。コースの受講生が成績評価の対象となる課題やクイズ，課題ディスカッションに提出物の提出や解答を行ったタイミングで，コースステータスの表示が消えます。

　コースのメンバーを講師が登録している場合，コース公開と同時に招待メールが受講生に対して送信されます。

　コースメンバーがアカウント管理者による一括登録である場合は，メンバーはコースに正式に登録されている状態です。Canvas LMS にログインすれば，コース公開と同時にコースにアクセスできます。招待メールは送信されません。

5.4.4　受講生としてコースを体験

　第 3 章では受講生ビューからコースを体験（3.3 節，3.5 節）しましたが，今度は受講生としてコースを体験してみましょう。招待メールからの Canvas LMS へのアクセスや受講生向けのダッシュボード画面など，受講生ビューからは確認できないことを確認できます。

　受講生の E メールアドレスに招待メールが届いているか確認します。

　届いていないようでしたら，スパムメールとして扱われていないか確認し，コースのメンバー一覧から招待メールを再送信しましょう。

　招待メールから受講生としてコースへの参加を受諾する前に，講師としての操作をいったん中止して，Canvas LMS からログアウトします。もしログアウトしないのであれば，講師として使用しているブラウザとは別のブラウザから操作します。

> **注 意**
>
> 　講師としてログインしている同じブラウザに，受講生としてログインしようとすると，ユーザ統合（講師ユーザと受講生ユーザを同一人物とみなす）してしまいます。
> 　受講生としてログインする前に必ず，講師としてログアウトする，もしくは，別のブラウザを使う必要があります。気をつけてください。

　招待メールの「Get Started」ボタンをクリックして，コースへの参加を受諾します。Canvas LMS のユーザアカウントをまだ持っていない受講生であれば，ユーザアカウントを作成します。

　Canvas LMS に受講生としてログインできたら，ダッシュボードの見え方やコースの見え方を確認しましょう。コースの課題に提出物を提出，クイズに解答，ディスカッションに投稿するなど，受講生として活動してみてください。

> **注 意**
>
> 　ここで提出した提出物や活動内容を，この後の第 6 章「成績評価をする」，第 7 章「コースを管理する」で使用します。

　受講生画面の操作については，補足①「受講生の操作画面」を参照してください。

5.5　コース公開前の操作に役立つ機能

5.5.1　コースの活動期間

コースの活動期間を，コースの詳細情報画面で設定できます。

コースの活動期間を指定する方法として，期間を指定する方法と活動開始日時，終了日時を指定する方法があります。

＜期間を指定する方法＞

※ Free For Teacher では使用できません。

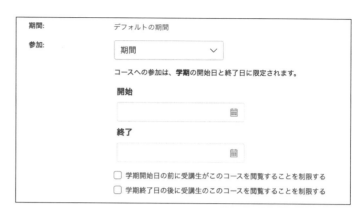

コースの活動期間を組織的に管理する場合，期間を使用すると複数のコースの活動期間を一元管理できます。

アカウント管理者があらかじめ活動期間を設定し，その期間にコースを所属させます。

通常，講師は所属する期間を指定することはできません。アカウント管理者が指定します。

＜活動開始日時，終了日時を指定する方法＞

Free For Teacher では期間を指定できないので，活動開始日時，終了日時を指定してコースの活動期間を指定します。

また，期間により管理されているコースでも独自の活動期間を指定したい場合は，活動開始日時，終了日時を指定してコースの活動期間を指定します。

❶　参加ドロップダウンメニュー

コースの活動開始日時，終了日時を期間より優先するために，ドロップダウンメニューで「コース」を指定します。

❷　開始，終了

コース活動開始日時と終了日時を必要に応じて指定します。

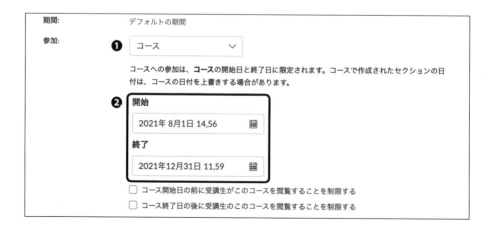

　期間の指定とコース活動開始日時，終了日時のどちらを指定した場合も，受講生は活動期間のみコースに参加（提出や解答，投稿）できるようになります。受講生が活動期間以外の日時にコースにアクセスしても，提出や解答，投稿などはできません。閲覧のみが可能となります。

　さらに受講生の閲覧も制限したい，つまりコース自体にアクセスさせたくない場合は，オプションでアクセスを制限することができます。

5.5.2　セクション

　セクションを使用すると，コース内の受講生たちをグルーピングして成績管理や教材提供のコントロールを行うことができます。

　複数のセクションに分けられた受講生は，基本的に同じコンテンツを共有し，同じように学習しますが，講師は課題やクイズ，課題ディスカッションの期日をセクション別に設定することができます。また，ディスカッションやアナウンスの対象として，特定のセクションを指定することも可能です。

　たとえば，コースの受講生を複数セクションに分けて，それぞれのセクションを違う講師が担当する，セクション別に課題の提出日をずらすなどの使い方ができます。

> **注意**
>
> 　コースにセクションを作成していないはずなのに，割り当ての選択肢としてセクションが表示されることがあります。Canvas LMS では，コースとセクションは必ずセットになるように考えられていて，コースを作成すると，自動的にコースと同じ名前のセクションが 1 つ作成されます。

　コース設定の「セクション」タブ画面で，セクションを作成，管理します。

　セクションにメンバーを追加する場合は，「メンバー」画面で該当メンバーの縦三点リーダー「：」のメニューから「セクションの編集」を選び，セクションに追加します。

5.5.3　受講生グループ

受講生グループを使用して，受講生をグルーピングしグループホームページでのグループワークを行わせることができます。

受講生をグルーピングという意味ではセクションと似ていますが，セクションが講師の教材割り当てや成績管理のための機能であるのに対して，受講生グループは受講生にグループ活動を行わせるための機能です。セクションが講師主役の機能であるなら，受講生グループは受講生主役の機能です。

受講生が希望のグループに自己登録する，自分たちでグループそのものを作成するなど，かなり自由な運用ができるように設定することもできます。

受講生グループに所属した受講生は，そのグループ専用の小型コースのようなグループホームページを利用することができます。

講師はグループ課題（受講生グループを対象とした課題）を与え，受講生はグループ内で協力して提出物を作成し，代表者が提出します。

また，コースにグループディスカッションを作成すると，グループメンバーに限定したディスカッションを行うことができます。

受講生グループはメンバー画面で作成できます。

5.5.4　外部アプリ

コース設定の「アプリ」タブ画面で，コースに外部アプリを追加できます。Vimeo や YouTube などの動画配信サービス，Zoom や Teams などのオンライン会議システム，Box や Dropbox などのファイル共有，Badgr などのバッジ管理システム，Google Workspace や Microsoft 365 などの文書管理ツールといった，さまざまな SaaS 型教育ツールを外部アプリとして Canvas LMS に組み込むことができます。

「アプリセンター」画面で利用したい外部アプリを検索し，ワンクリックでコースに追加することができます（アプリによっては事前に申し込んで「コンシューマ鍵」などを入手する必要があります）。

追加したい外部アプリが「アプリセンター」画面で検索しても見つからない場合は，「アプリ設定の表示」画面の右上「＋アプリ」ボタンをクリックして，独自に追加することもできます。

追加した外部アプリはモジュール，コースナビゲーション，リッチコンテンツエディタ，課題などで利用することができます。追加した外部アプリへのリンクが利用できる場所（プレースメント）は決まっていて，「アプリ設定の表示」画面で，外部アプリごとにプレースメントを確認することができます（次ページの上図）。

5.5.5　コースのコピー

　コース設定サイドバー「このコースのコピー」から，現在のコースを複製して新しいコースを作成できます。

　※講師によるコース作成を制限している Canvas LMS 環境を利用している場合は，コースコピーの機能を使用できません。

❶　**名前，コースコード**

　新しいコースのコース名とコースコード（コースの省略名）を入力します。

❷　**開始日，終了日**

　新しいコースの活動開始日時と終了日時を指定します。

❸　**コンテンツ**

　新しいコースにコピーするコンテンツを選択できます。

- **すべてのコンテンツ**：すべてのコンテンツをコピーします。

- **特定のコンテンツを選択**：特定のコンテンツのみコピーします。

❹　**イベントと期日を調整**

　コピー元コースの課題期日やタスク日時を，コピー先のコースの条件に合わせて調整できます。

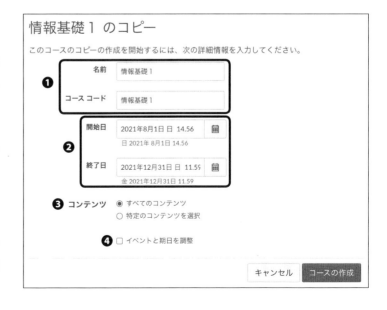

- **日付の調整**：「変更後」に新しいコース開始日時や終了日時を指定すると，新しいコースにコピーするコンテンツの期日やタスク日時が自動的に調整されます。
- **日付の削除**：新しいコースにコピーするコンテンツから日時指定の設定を削除します。
- **「＋置き換え」ボタン**：クリックすると，曜日を指定するフォームが表示されます。

　指定すると，新しいコースにコピーするコンテンツの期日やタスク日時の曜日が自動的に調整されます。

　上記の設定を行い，「コースの作成」ボタンをクリックすると，コースをコピーして新しいコースを作成します。

　コンテンツの指定で「特定のコンテンツを選択」をチェックしている場合は「コンテンツの選択」ボタンが表示され，コピーが選択待ちの状態になります。

　クリックすると，「コンテンツの選択」画面が表示されます（次ページの上図）。

　コピーしたいコンテンツをチェックして「コンテンツの選択」ボタンをクリックすると，指定したコンテンツのみをコピーして新しいコースを作成します。

5.5.6　コースのエクスポート

コースを Canvas エクスポートパッケージファイル（IMS Common Cartridge 形式）として，または
クイズのみをクイズ ZIP ファイルとしてダウンロードできます。コースのバックアップや，ダウン
ロードしたファイルを別の LMS 環境にインポートするために使用できます。

コース設定のサイドバー「コース内容のエクスポート」からエクスポートします。

エクスポートする対象を選択します。「コース」を選択すると，コース全体を Canvas エクスポート
パッケージファイルとしてダウンロードできます。「クイズ」を選択すると，クイズのみを ZIP 形式
ファイルでダウンロードできます。

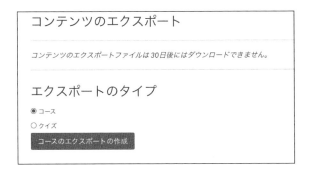

「コースのエクスポートの作成」ボタンをクリックすると，エクスポートファイルが生成されます。

エクスポートファイルが生成されると「新しいエクスポート」リンクが表示されるので，クリック
してファイルをダウンロードします。

5.5.7　コースのインポート

コースにコンテンツをインポートできます。Canvas エクスポートパッケージファイル，クイズ ZIP
ファイル，BlackBoard や Moodle など他の LMS からエクスポートしたファイル，Common Cartridge
ファイルからインポートできます。

同じ Canvas LMS 環境内の編集権限があるコースからインポートすることもできます。

コース設定のサイドバー「コース内容をインポートする」ボタンをクリックします。

「コンテンツタイプ」ドロップダウンメニューから，インポートする媒体を指定します。同じ
Canvas LMS 環境内の自分が編集権限を持つコースからインポートする場合は，「Canvas コースのコ
ピー」を選択します。

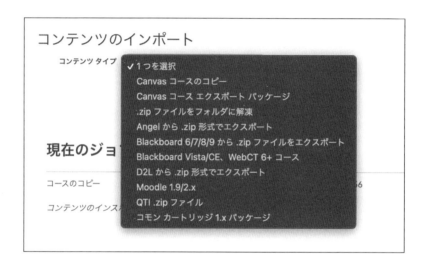

選択したコンテンツタイプに応じた設定項目が表示されます。

基本的にはコースコピーと同じ設定項目を設定します。詳細については，5.5.5 項「コースのコ
ピー」を参照してください。

成績評価をする

SpeedGrader や成績表を使用して，提出物や解答を採点します。また，各コンテンツから使用できる成績評価に役立つ機能について説明します。アウトカムとルーブリックを使った評価についても紹介します。

第3章で受講生ビューからの提出物を SpeedGrader で採点し，その採点結果が成績表に反映することを確認しました。

本章でも，受講生から提出された提出物や解答を採点します。第3章で紹介できなかった SpeedGrader や成績表のさまざまな機能について説明します。

＜本章で学ぶこと＞

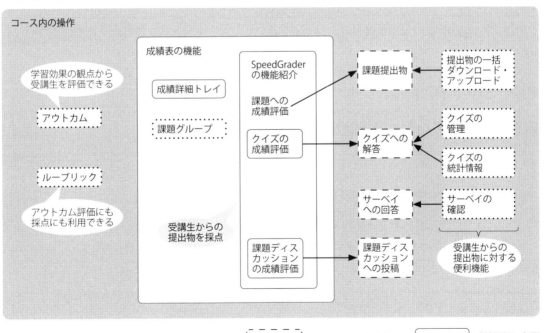

6.1		SpeedGrader	
	6.1.1	SpeedGrader の機能紹介	SpeedGrader の機能を使って提出物を採点します。
	6.1.2	クイズの採点	SpeedGrader で手動での採点が必要な問題を採点します。
	6.1.3	課題ディスカッションの採点	SpeedGrader で課題ディスカッションを採点します。
6.2		成績表	
	6.2.1	成績表の機能紹介	成績表のさまざまな機能について理解し,成績を管理します。
	6.2.2	成績詳細トレイ	成績詳細トレイの使い方を理解します。
6.3		その他の機能	
	6.3.1	提出物の一括ダウンロード・アップロード	提出物を一括ダウンロードします。また,受講生へのフィードバックとして提出物をアップロードします。
	6.3.2	クイズの管理	クイズへの解答状況を確認,管理します。
	6.3.3	クイズの統計情報	クイズの統計情報を確認します。
	6.3.4	サーベイの確認	サーベイ（アンケート）への回答状況や内容を確認します。
	6.3.5	規定［ルーブリック］	ルーブリックを使って提出物を評価します。
	6.3.6	成果［アウトカム］	コースのアウトカムを設定し,学習効果の観点から受講生を評価します。
	6.3.7	課題グループ	課題グループの概要について理解します。

　実際のコース指導の場では「提出物を画面で確認するのではなくローカル環境にダウンロードしてチェックしたい」,「SpeedGrader や成績表の画面で採点するのではなく,Excel などの表計算ソフトで採点したい」など,講師の好みやシステム環境の制約によって,さまざまな成績評価の方法が求められます。そのような場合に役立つ機能についても説明します。

　また,Canvas LMS の大きな魅力の 1 つであるアウトカム,ルーブリックを使った評価についても紹介します。

6.1　SpeedGrader

6.1.1　SpeedGrader の機能紹介

　SpeedGrader では,課題だけでなく,クイズや課題ディスカッションなど,成績評価の対象を採点することができます。

　成績評価の対象を SpeedGrader で開くと,その受講生の提出データ,成績（再提出課題の元の成績を含む）,ルーブリック,およびコメントなど,提出物に関するすべてのデータを参照できます。

　課題の提出物を採点します。課題画面のサイドバー「SpeedGrader」をクリックして,SpeedGrader 画面に遷移します（次ページの上図）。

　SpeedGrader 画面上部の SpeedGrader メニューから,課題の採点に利用できるツールとリソースにアクセスできます。

メニューの右側の受講生リストには受講生がアルファベット順に表示されます。各受講生の提出状況も確認できます。

受講生を選択すると，その受講生の提出物がプレビューウィンドウに表示されます。

左側には提出物が表示され，サイドバーには，受講生リストに表示されている受講生の提出物に関する全情報が表示されます。

❶　提出物が表示されます。提出物が表示できないファイル形式である場合は，提出物のダウンロードリンクが表示されます。

❷　Canvas DocViewer Toolbar

提出物が PDF，Word，PowerPoint 形式のファイルである場合は，提出物に直接コメントを付けることができます。使用している Canvas LMS 環境によって，Canvas DocViewer Toolbar を使用できない場合があります。

❸　表示する提出物

提出日時が表示されます。課題が複数回提出された場合は，セレクトボックスから以前の提出物を選択して表示できます。

❹　提出済みのファイル

提出物ファイルをダウンロードできます。

❺　アセスメント

スコアを入力します。

❻　課題コメント

受講生へのフィードバックコメントを入力し，「提出」ボタンをクリックしてコメントを登録します。コメント入力欄左下のボタンから，ファイル添付や音声入力，動画や音声を録画して登録す

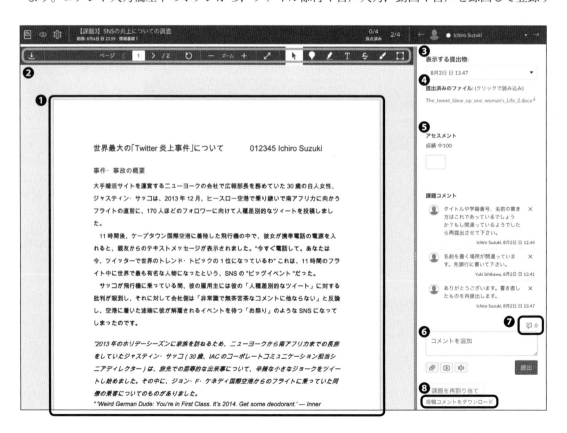

ることもできます。使用している Canvas LMS 環境によって，動画や音声の録画は使用できない場合があります。

❼　コメントライブラリ

コメントをライブラリに登録しておくと，クリックするだけでコメントを入力できます。

❽　投稿コメントをダウンロード

受講生からのコメントやフィードバックコメントを，まとめて PDF ファイルとしてダウンロードできます。

6.1.2　クイズの採点

SpeedGrader で受講生のクイズに対する解答内容を確認し，採点することができます。

クイズは基本的に受講生が解答を提出したタイミングで自動採点されますが，小論文問題やファイルアップロード問題については手動での採点が必要です。手動での採点が必要な問題がクイズに含まれている場合は，SpeedGrader から採点します。

クイズ画面のサイドバー「SpeedGrader」から，SpeedGrader 画面に遷移します。

基本的な使い方は，課題の SpeedGrader と同じです。

問題ごとに受講生の解答内容が表示され，自動採点の問題である場合は正解／不正解が判定され，スコアが入力された状態となっています。

❶　小論文問題，ファイルアップロード問題については，解答を確認しながら手動でスコアを入力します。「スコアの更新」ボタンをクリックすると，入力したスコアが確定し，サイドバーの合計スコアに加点されます。

❷　**調整点**

何らかの事情でクイズの合計スコアを調整したい場合，「調整点」に調整点を入力して「スコアの更新」ボタンをクリックすると，合計スコアを調整することができます。

❸　**表示する提出物**

受講生が複数回，解答している場合は，サイドバーにセレクトボックスが表示されます。解答回を選択して，過去の解答までさかのぼって確認できます。

❹　**アセスメント**

自動採点の問題の合計スコアが表示されます。この合計スコアを直接変更することはできません。変更したい場合は，問題ごとのスコアを変更するか，調整点で変更します。

> **ポイント**
>
> たとえば，受講生に対して何ポイントか加点したい，あるいはペナルティとして何点かマイナスしたいといった場合，クイズでは自動計算されている合計点を変更することはできません。このような場合に，「調整点」を使用します。

SpeedGrader は採点のための機能なので，採点対象のクイズやサーベイからは使用できますが，採点対象とならない「練習クイズ」「未採点［採点なし］のサーベイ」からは使用できません。「練習クイズ」や「未採点［採点なし］のサーベイ」の内容を確認する場合は，「クイズの管理」画面から確認できます。詳しくは，6.3.2 項「クイズの管理」，または 6.3.4 項「サーベイの確認」を参照してください。

6.1.3　課題ディスカッションの採点

　SpeedGrader で課題ディスカッションに対する投稿コメントを確認し，採点することができます。

　ディスカッション画面右上の縦三点リーダー「：」のメニューの「SpeedGrader」から，SpeedGrader 画面に遷移します。

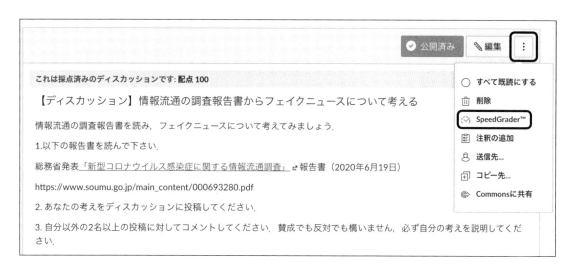

　基本的な使い方は，課題の SpeedGrader と同じです。

　投稿内容を確認して，サイドバーのアセスメントにスコアを入力します。必要に応じてコメントを入力し，「提出」ボタンをクリックしてコメントを登録します。

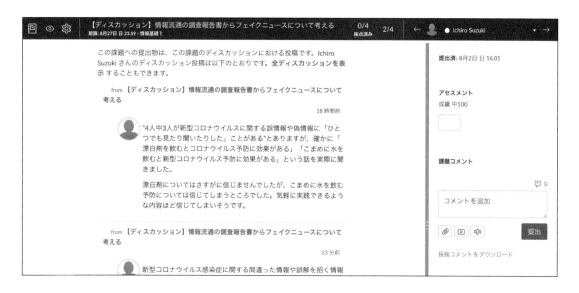

6.2　成績表

6.2.1　成績表の機能紹介

　コースに課題やクイズ，課題ディスカッションなど，成績評価の対象となるもの（成績表の説明では以降，**課題**と総称します）を作成すると，成績表に自動的に列が追加されていきます。また，表の行（横軸）には，コースの受講生が自動的に反映します。

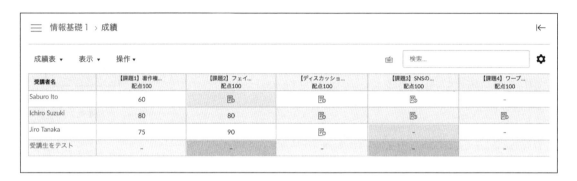

　第3章でも説明しましたが，SpeedGrader での採点結果は成績表に反映します。逆に，成績表から受講生のスコアを直接入力することもできます。受講生を個別に採点するのではなく，一気に採点したい場合には，SpeedGrader より成績表から採点した方が簡単に採点できます。

　また，成績表には受講生からの提出状況も反映するので，採点前に提出状況を一覧したいような場合にも利用できます。

　コースナビゲーションの「成績」をクリックして，成績表画面に遷移します。

❶　成績表の上部には，表示順オプションや成績表を管理する機能があります。

❷　受講生データが表示されます。受講生の表示順の変更，表示情報の変更を行うことができます。

❸　提出状況や成績が表示されます。コースに課題を作成すると，列が自動的に追加されます。

　成績表のセルの色は，提出物のステータス（提出状況）によって，自動的に色付けされます。

　成績表の上部には，「成績表メニュー」，「表示メニュー」，「操作メニュー」の3つの機能メニューが並んでいます。使いやすいように，項目の並び順の変更や表示内容をフィルタリングするなど，簡単にカスタマイズできます。

＜成績表メニュー＞

成績表の表示を，受講生や課題ごとの個別ビューに切り替えることができます。また，成績変更の履歴を表示することもできます。

＜表示メニュー＞

成績表の列を，フィルタリングおよびソートできます。メモのための列や「課題を非公開にする［未公開の課題］」の列を，表示または非表示にすることもできます。

＜操作メニュー＞

成績情報のエクスポート，インポートができます。

❶　**インポート**

　　成績情報の CSV ファイルをインポートして，受講生の成績を更新することができます。

❷　**エクスポート**

　　受講生の成績を CSV ファイルとしてエクスポートすることができます。

注 意

　Gradebook エクスポート CSV ファイルデータには，フィルターや並べ替えのオプションに関係なく，すべての Gradebook データが含まれています。

　表計算ソフトによっては，日本語が正常に表示されない場合があります。詳しくは，コラム「ダウンロードファイルの文字化け対策」（p.106）を参照してください。

＜成績表の設定＞

成績表の設定では，コースの遅延ポリシーや受講生への成績の表示について設定できます。

成績表の右上にある設定アイコンをクリックすると，成績表の設定画面を表示できます。

＜遅延ポリシー＞

「遅延ポリシー」タブでは，提出期限を守れなかった提出物へのペナルティを設定できます。

＜成績掲示ポリシー＞

「成績掲示ポリシー」タブでは，受講生に成績を表示するタイミングについてのポリシーを設定できます。

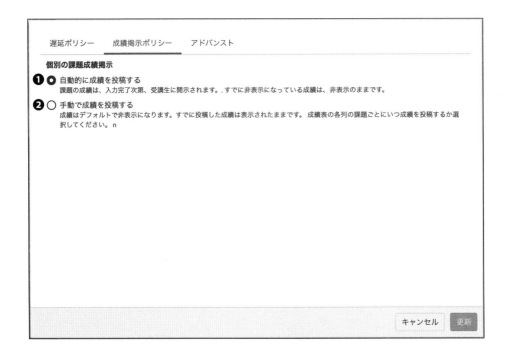

❶ 自動的に成績を投稿する

採点すると，すぐに受講生に対して成績が表示されます。既定の設定となっています。

❷ 手動で成績を投稿する

受講生に対して成績が非表示となります。成績を表示したいタイミングで，課題やクイズごとに成績を掲示します。

注 意

遅延ポリシー，成績掲示ポリシーは，コースでの成績の取り扱いに大きく影響するので，基本的にコース公開前に設定します。

とくに遅延ポリシーについては，すでに採点済みの提出物にも適用されます。そのため，受講生が学習を始めているコースに途中から設定すると，過去の成績が変更される可能性があります。

＜受講者名の列＞

「受講者名」列の見出しにマウスオーバーすると，受講者名メニューを表示できます。

受講者名メニューでは，受講生の表示順の変更，表示情報の変更を行うことができます。

各受講生の名前をクリックすると，個人の成績を表示できます。

＜課題の列＞

コースに課題を作成すると，成績表の列として追加されます。成績表から列を削除するには，コースから課題を削除する必要があります。

各列には，課題名，配点，各受講生の成績が表示されます。各セルに表示されるアイコンと色は提出状況を表します。

課題列ヘッダーにマウスオーバーすると，「課題」メ
ニューを表示できます。「課題」メニューから提出物の
表示順の変更や，課題の採点に関するオプション機能を
使用できます。

❶　次の状態の受講生にメッセージを送る

　提出物の状態（未提出，未採点，特定のスコア未満，
超過）を指定して該当する受講生を抽出し，メッセー
ジを送信することができます（下図）。受講生は受信
トレイでこのメッセージを受信します。

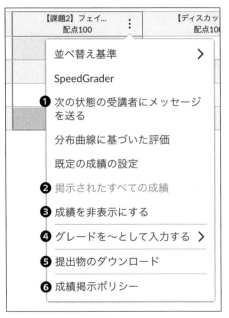

❷　成績を掲示する

　成績を掲示ポリシーにより非表示にしている場合，受講生に対して成績を掲示します。

※成績の掲示ポリシーや採点状況によって，表示される文言が変わります。グレーアウトされて使
　用できない場合もあります。

❸　成績を非表示にする

　すでに受講生に対して掲示済みの成績を，非表示にすることができます。

※成績の掲示ポリシーや採点状況によって，表示される文言が変わります。グレーアウトされて使
　用できない場合もあります。

❹　グレードを〜として入力する

　通常，成績は課題の「成績の表示方法」で設定した表示で表示されますが，一時的に表示を変更
できます。

❺　提出物のダウンロード

　提出物を ZIP ファイルとして一括ダウンロードできます。

❻　成績掲示ポリシー

提出物の成績掲示ポリシーを設定できます。

コース内の成績は，基本的にコースの成績掲示ポリシーに従って受講生に掲示されます。ただし，課題ごとに細かく成績掲示ポリシーを設定することもできます。

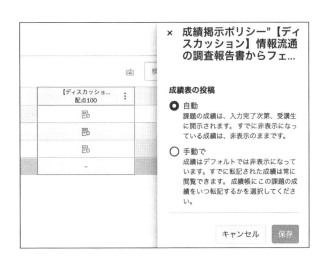

＜課題グループと総合成績＞

成績表の右側には，課題グループごとの総合成績とコース全体の総合成績が自動計算されて表示されます。直接数値を入力して変更することはできません。

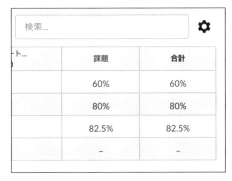

6.2.2　成績詳細トレイ

成績表のセルをクリックすると，セルの右側に矢印アイコンが表示されます（左下図）。このアイコンをクリックすると，成績表画面の右側に成績詳細トレイが表示されます（右下図）。

成績詳細トレイから，スコアやコメントの入力，ステータスの変更ができます。

コラム
___

ダウンロードファイルの文字化け対策

　Canvas LMS は，すべてのデータを UTF-8 の文字コードで処理します。

　そのため，ダウンロードしたファイルを UTF-8 に対応していない表計算ソフトで開くと，日本語が文字化けを起こす場合があります。以下の方法で，文字化けを防ぐことができます。

(1)　CSV ファイルに BOM を付ける

　　表計算で CSV ファイルを開く前に，テキストエディタ（Windows の「メモ帳」など）で CSV ファイルを開き，BOM（バイトオーダーマーク）を付けます（BOM の付け方については，利用しているテキストエディタのマニュアルなど参照してください）。

(2)　CSV ファイルに BOM を付ける機能オプションを追加する

　　成績表からのエクスポートファイルの場合，Canvas LMS のユーザ設定で CSV ファイルに BOM を付ける機能オプションを追加します。詳しくは，第 8 章の 8.2.1 項(1)「機能設定」を参照してください。

6.3　その他の機能

6.3.1　提出物の一括ダウンロード・アップロード

　SpeedGrader 画面で提出物を確認できますが，Canvas LMS 画面ではなく，オフラインで提出物を確認したい場合は，課題画面や成績表から受講生の提出物を ZIP ファイルとして一括ダウンロードできます。

　提出物がテキスト入力や Web サイトの URL である場合は，HTML ファイルとしてダウンロードされます。また，受講生が複数回提出した場合は，最新の提出物のみ ZIP ファイルに含まれます。

　一括ダウンロードした提出物を，再び課題画面から一括アップロードすることもできます（左下図）。提出物にコメントを入れて受講生に返却する場合などに使用します。

　アップロードしたい提出物ファイル名やファイル形式を変更せず，ZIP 形式で圧縮してからアップロードします。アップロードされたファイルは，各受講生にコメントの添付ファイルとして自動的に配布されます（右下図）。

注意事項

　一括ダウンロードした各受講生の提出物のファイルには，受講生の名前や提出物ファイルの ID を含んだファイル名が付けられています。一括アップロードの際に，システムはこのファイル名を基に再配布を行います。ファイル名を変更すると，配布に失敗します。

　ファイル名を変更していなくても，Word（.docx）でダウンロードされた提出物ファイルを PDF に変換するなど，ファイル形式を変更することも，失敗の原因となることがあります。

6.3.2　クイズの管理

クイズ画面の管理メニューやクイズの管理画面から，クイズへの解答状況の確認や管理ができます。

(1)　クイズ画面の管理メニュー

クイズ画面右上の縦三点リーダー「：」ボタンをクリックすると，管理メニューが表示されます。

クイズへの注釈［ルーブリック］の紐付けや，受講生のクイズの解答状況の確認ができます。

また，解答状況（解答済み／未解答）ごとに受講生を抽出しメッセージを送信できます。

(2)　クイズの管理画面

クイズ画面のサイドバー「このクイズの管理」ボタンをクリックして，「クイズの管理」画面に遷移します。

受講生の一覧が表示され，各受講生の解答回数や解答の所要時間，スコアを確認できます。時間制限のあるクイズを受験中である場合は，解答時間がカウントダウンで表示されます。

受講生の名前をクリックすると，解答内容を確認できる画面に遷移します。

クイズの管理

メンバーの検索　　　　　　　　　　　　　　　　　　　　　　フィルタ

☐ 受講生	試行回数	時刻	残りの試行回数	スコア	↻
☐ Ito, Saburo	1	2 分 で完了しました	2	60	✎
☐ Suzuki, Ichiro	3	1 分 で完了しました	0	80	✎
☐ Tanaka, Jiro	2	2 分 で完了しました	1	75	✎
☐ 受講生をテスト	--		3		✎

6.3.3 クイズの統計情報

クイズの統計情報で，受講生の解答について統計情報を確認できます。

クイズ画面のサイドバー「クイズの統計情報」ボタンをクリックして，「クイズ統計情報」画面に遷移します。クイズ全体のスコアや偏差，解答所要時間，また問題ごとの解答の傾向がグラフで表示されます。

❶ 受講生分析

受講生ごとの解答内容やスコアをまとめて CSV 形式ファイルとしてダウンロードできます。

❷ アイテム分析

問題ごとの正解者数や不正解者数，偏差，難易度などの分析情報をまとめて CSV 形式ファイルとしてダウンロードできます。現状では，「複数選択」問題や「真／偽」問題のみが対象となります（サーベイではアイテム分析は使用できません）。

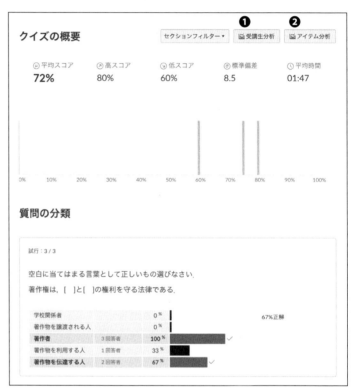

6.3.4 サーベイの確認

サーベイへの回答も，クイズの解答と同じように確認できます。ただし，「採点済み［採点対象］のサーベイ」は SpeedGrader を使用できますが，「未採点［採点なし］のサーベイ」では SpeedGrader を使えません。

そのため，「採点なしのサーベイ」の回答内容を確認したい場合は，「サーベイの管理」画面または「サーベイの統計」画面から確認します。両方ともサーベイ画面のサイドバーから遷移できます。

「サーベイの管理」画面については 6.3.2 項「クイズの管理」を，「サーベイの統計」画面については 6.3.3 項「クイズの統計情報」を，それぞれ参照してください。

6.3.5　規定［ルーブリック］

　ルーブリックとは，提出物を評価する評価項目を表形式にまとめたものです。コースで指導するうえで必須の機能ではありませんが，ぜひ利用していただきたい機能の１つです。

　ルーブリックを作成して課題に割り当てると，採点の際に各評価項目の該当基準を選択するだけで，提出物を評価することができます。大勢の受講生の提出物を評価する場合や複数の講師で評価を分担する場合も，一定の基準に従って評価を行うことができます。

　また，受講生にとっても課題に取り組むにあたり，ルーブリックから講師が重視する評価項目を知ることができます。評価された後もルーブリックのチェックを確認するだけで，なぜそのような評価になったのかを知ることができます。

　さらに，このルーブリックをこの後で説明するアウトカムと組み合わせることで，コースでの学習効果をはかることができます。

　本書は初めて Canvas LMS を操作する方を対象とした入門編なので，必須機能とはいえないルーブリックについてあまり紙面を割けませんが，Canvas LMS を使う最大のメリットといっても過言ではない有用な機能です。ある程度操作に慣れた方には，積極的に使っていただきたいと思います。

フェイクニュースの調査報告

フェイクニュースの調査報告　✎ 🗑

基準	評価				点
フォーマット	**3 ポイント** 優れている 表紙がなく，先頭行にレポートのタイトル，学籍番号，名前が記述されており，レポート全体の書式などの体裁が整っている．	**2 ポイント** OK 表紙がなく，先頭行にレポートのタイトル，学籍番号，名前が記述されている．	**1 ポイント** もう少し 表紙をつけている．または，先頭行にレポートのタイトル，学籍番号，名前のうちどれか記述されていない．	**0 ポイント** NG 先頭行にレポートのタイトル，学籍番号，名前が記述されていない．	3 点
引用	**3 ポイント** 優れている 引用元を記載し，引用箇所が本文と区別して記載されている．また，最低限の該当箇所のみを引用し，自分の考察を支えるために効果的に利用されている．	**2 ポイント** OK 引用元を記載し，引用箇所が本文と区別して記載されている．また，引用は，自分の考察を支えるものとして利用されており，主従関係が認められる．	**1 ポイント** もう少し 引用元の記載，引用箇所の本文との区別が不充分である．または，一部の引用は自分の考察を支えるものとして利用されていない．主従関係が認められない箇所がある．	**0 ポイント** NG 引用元の記載，引用箇所の本文との区別が不充分である．また，引用は自分の考察を支えるものとして利用されていない．主従関係が認められない．	3 点
概要	**3 ポイント** 優れている フェイクニュースの3つの見分け方と5つの拡散する理由がある．また，概要の記述が優れている．	**2 ポイント** OK フェイクニュースの3つの見分け方と5つの拡散する理由が概要とともに記載がある．	**1 ポイント** もう少し フェイクニュースの3つの見分け方と5つの拡散する理由のうち，一部の記載がない．または，概要の記載が不充分である．	**0 ポイント** NG フェイクニュースの3つの見分け方と5つの拡散する理由のうち，どちらか一方がないなど不充分である．または，概要の記載が記載されていない．	3 点
考察	**3 ポイント** 優れている 現時点での自分のメディアリテラシーを8つの項目で考察が述べられており，考察が優れている．	**2 ポイント** OK 現時点での自分のメディアリテラシーを8つの項目で考察が述べられている．	**1 ポイント** もう少し 現時点での自分のメディアリテラシーを8つの項目をほとんど用いらずに考察が述べられている．または，考察の文量が少ない．	**0 ポイント** NG 自身の考察がない．	3 点
Ⓖ メディア・リテラシー しきい値: 2 点	**3 ポイント** 期待値を超えている	**2 ポイント** 期待値を満たしている	**1 ポイント** 期待値に満たない	**0 ポイント** 期待値を全く満たしていない	3 点
Ⓖ 著作権の理解 しきい値: 2 点	**3 ポイント** 期待値を超えている	**2 ポイント** 期待値を満たしている	**1 ポイント** 期待値に満たない	**0 ポイント** 期待値を全く満たしていない	3 点

合計点: スコア: 18 /

(1)　ルーブリックの作成

コースでルーブリックを作成すると，複数の課題やクイズ，課題ディスカッションに対して繰り返し利用できます。

コースナビゲーションの「規定［ルーブリック］」で，ルーブリックを作成します。

❶　ルーブリックタイトル

ルーブリックのタイトルを入力します。課題にルーブリックを紐付けるときに，このタイトルでルーブリックを特定できます。

❷　基準の説明

編集アイコンをクリックして，基準の説明を入力します。

❸　評価

評価セルの編集アイコンをクリックして，評価基準の説明やスコアを設定します。評価セルは追加して細分化することも，削除してシンプルにすることもできます。

❹　基準の追加

別の基準を追加するには，「＋基準」リンクをクリックします。作成済みの基準を複製することもできます。

❺　成果［アウトカム］の検索

コースにあらかじめ設定したアウトカムを，ルーブリックの評価基準として追加することができます。アウトカムについては，6.3.6 項「成果［アウトカム］」を参照してください。

作成したルーブリックは課題画面で課題に割り当てますが，課題画面でルーブリックを新規作成することもできます。課題で新規作成したルーブリックは，自動的に「規定［ルーブリック］」画面に反映します。

(2)　課題へのルーブリック追加

課題画面の「＋注釈［ルーブリック］」ボタンで，課題にルーブリックを追加できます。

※ Canvas LMS 画面の日本語訳では，ルーブリックは「規定」もしくは「注釈」と表記されています。

注釈［ルーブリック］の編集画面が表示されます。

　既存のルーブリックを検索するには，「注釈［ルーブリック］の検索」リンクをクリックします。コースで作成されたルーブリック以外に，他の担当コースで作成されたルーブリックも検索できます。

　必要に応じて，ルーブリックのオプションを指定します。ルーブリックを使用して採点する場合は，「採点にこの注釈［ルーブリック］を使用」チェックボックスをチェックします。

　クイズや課題ディスカッションにも，ルーブリックを追加できます。

⑶　ルーブリックの評価

　課題にルーブリックを追加した場合，SpeedGrader でルーブリックを評価できます。

　ルーブリックを使用して採点する場合は，「採点にこの注釈［ルーブリック］を使用」オプションがチェックされていることを確認してください。「採点にこの注釈［ルーブリック］を使用」をチェックしなかった場合でも，ルーブリックの評価基準を評価できますが，スコアには反映されません。

　課題やクイズ，課題ディスカッションから SpeedGrader を開き，「注釈［ルーブリック］を見る」ボタンをクリックします。

ルーブリックが表示されます。

❶　ルーブリック全体を表示するには，縦と横の両方をスクロールする必要があります。ルーブリックウィンドウのサイズを変更するには，サイジングカラムをクリックして，水平方向にドラッグします。

❷　評価基準ごとに該当する評価をクリックします。

❸　クリックした評価ポイントが，ポイント欄に反映されます。

❹　コメントアイコンをクリックして，各基準にコメントを追加することもできます。

「保存」ボタンをクリックします。

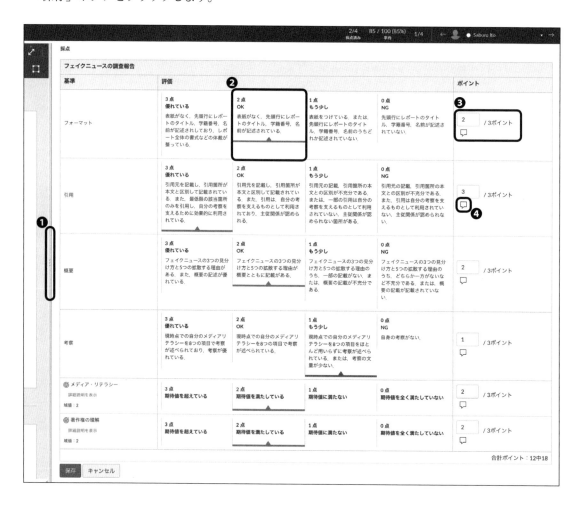

6.3.6　成果［アウトカム］

　アウトカムとは，受講生がこのコースで学ぶことによって得られるスキルや知識を，項目に分けて設定したものです。

　課題やクイズの採点とは違い，学習効果の観点から受講生を評価することができます。

　文部科学省が定める学習指導要領（各学校で教育課程を編成する際の基準）の項目のようなものと

考えていただけるとイメージしやすいと思います。学校は学習指導要領に基づいて項目別に生徒を評価した通知表を作成しますが，アウトカムにも項目別に評価した評価表があります。

　講師は受講生がアウトカムの項目を習得できるように教材を作成し，コースを設計します。一方，受講生はコースのアウトカムを見てこのコースでどのようなスキルや知識を得ることが期待されているのかを理解します。また，アウトカム項目別の評価を確認して，自身のスキルや知識の習熟度合いを確認することができます。

　この機能も，ルーブリックと同じようにコース運用に必須の機能ではありませんが，米国の教育機関ではアウトカムが重視され，非常によく使われているようです。

（1）　アウトカムの作成

　コースナビゲーションの「成果［アウトカム］」をクリックします。

　「＋結果［アウトカム］」ボタンをクリックして，アウトカムを作成します。

　※ Canvas LMS 画面の日本語訳では，アウトカムは「成果」もしくは「結果」と表記されています。

❶ **この成果［アウトカム］の名前を指定**

　アウトカム名を入力します。アウトカム名とは別に，受講生がわかりやすい名前を設定することもできます。

❷ **この成果［アウトカム］を説明する**

　アウトカムの説明を入力します。

❸ **基準の評価**

　評価セルの編集アイコンをクリックして，評価基準の説明やポイント値を設定します。評価セルは追加して細分化することも，削除してシンプルにすることもできます。

❹ **熟達日時［熟達目安］**

　このアウトカムを達成したと見なす評価点（最小の閾値）を指定します。

❺ **計算メソッド**

　アウトカムの計算方法を選択します。同じアウトカムを複数回使用した場合に，この計算メソッドを使用して評価ポイントを算出します。

　「保存」ボタンをクリックして，保存します。

(2)　アウトカムの使用方法

　作成したアウトカム項目に対して，直接ポイント値を入力して評価することはできません。

　アウトカム項目の評価に適したコースの教材（成績評価の対象）に割り当てて，間接的に評価します。

　たとえば，「英語のスペルを正しく書くことができる」というアウトカム項目を，英作文の課題に割り当て，英作文の提出物を評価することによって間接的にアウトカム項目を評価します。

そのために，アウトカム項目を評価基準としてルーブリックに割り当てます。さらに，そのルーブリックを課題やクイズ，課題ディスカッションに割り当てます。

講師は SpeedGrader からルーブリックに含まれたアウトカム項目を評価します。

ルーブリックを使ったアウトカム評価については，6.3.5 項「規定［ルーブリック］」を参照してください。

(3)　学習の達成度表

学習の達成度表はアウトカム項目の評価表です。成績表は点数表ですが，学習の達成度表では通知表のように項目別の熟達度を確認できます。

> **注 意**
>
> 　学習の達成度表は機能オプションです。この表を有効にするには，コース設定の機能プレビューで機能を ON にしてください。機能プレビューについては，第 5 章の 5.3.6 項「機能プレビュー」を参照してください。

コースナビゲーションの「成績」をクリックします。

成績表メニューの「学習マスタリー［学習の達成度表］」をクリックします。

※ Canvas LMS 画面の日本語訳では，学習の達成度表は「学習の達成」もしくは「学習マスタリー」と表記されています。

学習の達成度表画面に遷移します。

アウトカムのスコアは，熟達を上回る（濃い緑色），満たしている（薄い緑色），近い（黄色），大きく下回る（赤色）のいずれかのレベルであることを示すために，色分けされています。

スコアのレベルは，アウトカムの熟達目安に基づいて計算されます。このスコアを直接入力して編集することはできません。課題やクイズに紐付いたルーブリックの評価が反映します。

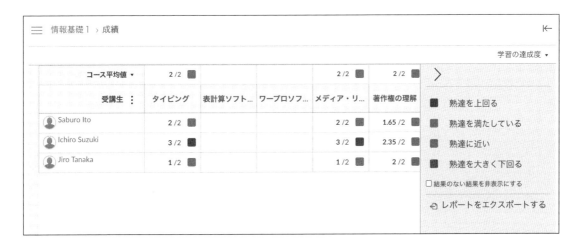

6.3.7　課題グループ

　応用的な使い方になりますが，課題やクイズ，課題ディスカッションなどの成績評価の対象をまとめて課題グループを作成し，成績表に課題グループの総合成績を表示できます。詳しくは 6.2 節「成績表」を参照してください。かなり応用的な使い方なので，ここでは紹介のみにとどめます。

　課題一覧画面の右上にある「＋グループ」ボタンをクリックして，課題グループを作成します。

　グループ名を入力します。

　作成した課題グループに，ドラッグランドドロップで課題を追加します。また，課題グループのヘッダー右側にある「＋」アイコンから，課題を新規追加することもできます。

第 Ⅲ 部

Canvas LMS をもっと使ってみる

第 7 章　コースを管理する ……………………………………………………………… *118*

第 8 章　グローバルナビゲーションの機能紹介 ……………………………………… *130*

補足①　受講生の操作画面 ……………………………………………………………… *146*

コースを管理する

コースでの指導のために受講生を管理する方法や，アナウンスやディスカッションで受講生とコミュニケーションを取る方法について説明します。モジュールや分析機能で受講生の活動状況を確認する方法についても紹介します。

実際のコース指導の場では，受講生の活動状況を確認してフォローすることや，状況に合わせて受講生を管理することが必要になります。メンバー機能で受講生の活動状況の確認や管理を行う方法，アナウンスやディスカッションを使ったコミュニケーションの管理方法について説明します。また，モジュールやコースの分析機能を使って，コース全体，受講生個別の活動状況を確認する方法についても紹介します。

＜本章で学ぶこと＞

7.1		受講生の管理	
	7.1.1	メンバー管理	メンバーの活動状況などの情報を確認し，管理します。
	7.1.2	ユーザ詳細	ユーザ情報を確認します。必要に応じてコース修了の設定を行います。
7.2		受講生とのコミュニケーション	
	7.2.1	アナウンス作成	アナウンスを作成します。
	7.2.2	ディスカッション管理	トピックへのコメントを確認，管理します。必要に応じてコメントの編集や削除を行い，投稿できないように締め切ることができます。
7.3		受講生の活動状況の確認	
	7.3.1	モジュールの進捗	モジュールから各受講生の学習進捗の状況を確認します。
	7.3.2	新しい分析	受講生の活動状況データをグラフや表で，またはデータをダウンロードして確認します。
	7.3.3	コースの分析	受講生の活動状況データをグラフや表で確認します。

※環境によって，「新しい分析」，「コース分析」，いずれかが使用可能になります。

7.1　受講生の管理

7.1.1　メンバー管理

　メンバー画面で，コースに登録された全メンバーの情報を確認できます。第 5 章ではメンバーの登録について説明しましたが，本章ではメンバーの管理について説明します。

　コースナビゲーションの「メンバー」をクリックします。

　メンバー画面には，コースのメンバーに関するすべての情報が表示されます。

❶　ページ上部のグローバル設定には，メンバーやグループセットの追加，メンバー検索などの機能が表示されます。

❷　メンバー一覧には，名前やログイン ID，役割など，各メンバーについての情報が表示されます。また，各メンバーがコースに最後に参加した日時やコースにどのくらい参加しているのか，確認でききます。

各メンバー右端の縦三点リーダー「⋮」のメニューから，受講生を管理できます。

❶　招待の再送信

コース登録の「保留」マークが表示されているメンバーに対して，招待メールを再送信できます。

❷　役割の編集

メンバーの役割を変更できます。たとえば，助手にしたい受講生を TA に変更する，役割を間違えて登録してしまったメンバーを修正するなどできます。

❸　ユーザの詳細情報

ユーザ詳細画面に遷移します。ユーザ詳細画面では，メンバーの登録状態やアクセスレポートを確認できます。

❹　ユーザーを無効にする

一時的にメンバーを非アクティブ（コースにアクセスできない状態）にできます。休学の場合などに使用します。

❺　コースから削除

メンバーをこのコースから削除します。削除されたメンバーの提出物や成績情報も削除されます。つまり，メンバーがコースで活動した痕跡が削除されてしまいます。

> **注意**
>
> コースの学習を終えた受講生やドロップアウトした受講生に対してコースへのアクセスを制限したい場合は，削除ではなく，ユーザ詳細画面からコースを完了させることをお勧めします。完了の方法については，7.1.2 項「ユーザ詳細」を参照してください。

❻　新しい分析

メンバー個別の新しい分析画面に遷移します。新しい分析については，7.3.2 項「新しい分析」を参照してください。

＜受講生コンテクストカード＞

受講生の名前をクリックして，その受講生のコンテクストカードを見ることができます。

コンテクストカードでは受講生の成績の概要と参加状況を確認できます。メールアイコンから気になる受講生をフォローするためにメッセージを送信することもできます。

7.1.2　ユーザ詳細

ユーザ詳細画面では，ユーザ情報やユーザのコース登録状況を確認できます。

❶　完了

受講生を個別にコース修了とすることができます。基本的に，修了した受講生はコースの表示の
みが可能となります。設定により，コースへのアクセスを制限することもできます。設定について
は，第 5 章の 5.5.1 項「コースの活動期間」を参照してください。

❷　アクセスレポート

メンバーのコース内での活動状況をコンテンツごとに確認することができます。

7.2　受講生とのコミュニケーション

7.2.1　アナウンス作成

アナウンスを作成して，コース内のメンバーと重要な情報を共有することができます。コースメン
バーは，アナウンスをダッシュボードやコースホームページから確認できます。メンバーが「お知ら
せ［通知］」でアナウンスの通知を設定している場合，連絡先 E メールアドレスでアナウンスについ

ての通知を受信することができます。通知については，第 8 章の 8.2.2 項「お知らせ［通知］」を参照
してください。

　コースナビゲーションの「アナウンス」をクリックします。

　画面右上の「＋アナウンス」ボタンをクリックします。

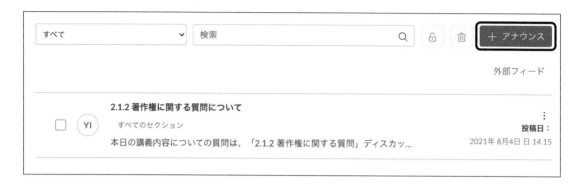

ディスカッション編集画面と同じような編集画面となっています。

❶　**アナウンスタイトル（必須）**

　アナウンスのタイトルを入力します。

❷　**アナウンス内容（必須）**

　アナウンスの内容を入力します。リッチコンテンツエディタを使用して画像やテキスト，リンク，
数式，またはメディアなどを挿入します。詳しい使い方については，第 4 章の 4.7.1 項「リッチコ
ンテンツエディタ」を参照してください。

❸　**投稿先**

　コースの特定のセクション（管理しやすく受講生をグルーピングしたもの）を対象に，アナウン
スを作成できます。セクションについては，第 5 章の 5.3.3 項「セクション」を参照してください。

❹　**添付ファイル**

　アナウンスに添付ファイルを追加する場合は，「ファイルを選択」ボタンをクリックします。

❺　**後で投稿**

　アナウンス投稿する日時を指定できます。この指定がない場合は，アナウンスを保存したタイミ
ングで投稿されます。あらかじめアナウンス文書の登録のみをしておきたい場合に使用します。

❻　**ユーザーにコメントを許可する**

　受講生はアナウンスに対してコメントすることができます。たとえば，イベントについてのアナ
ウンスに希望者のみ参加コメントを投稿してもらうなどの使い方ができます。

　アナウンスの設定ができたら，「保存」ボタンをクリックします。コースが公開されている場合，
保存のタイミングでアナウンスが投稿され，受講生に表示されます。「後で投稿」オプションがチェッ
クされているアナウンスは，指定日時に受講生に表示されます。

7.2.2　ディスカッション管理

⑴　ディスカッション一覧

コース内のディスカッショントピックは，すべてディスカッション一覧で管理できます。

　ディスカッション一覧には，ディスカッショントピックが3つのエリアに分かれて表示されています。それぞれのエリアについて説明します（わかりやすいように，画面の並び順とは異なった順番で説明します）。

❶　**ディスカッション**

　　投稿可能なトピックは，自動的にこの「ディスカッション」エリアに反映します。

❷　**固定したディスカッション**

　　トピックが増えてくると，大事なトピックがその他のトピックに埋もれてしまう可能性があります。重要なトピックや注目させたいトピックは，一覧の一番上にある「固定したディスカッション」に配置します。

　　ドラッグアンドドロップで簡単に配置できます。

　　目立たせるための配置であり，トピックをこのエリアに配置したことにより設定や操作に影響が生じることはありません。

❸　**コメントを閉じました**

　　このエリアにあるトピックに対して，受講生は表示することはできますが，コメントを投稿することはできません。

　　ディスカッショントピックの投稿終了日時を指定している場合，終了日時を過ぎるとトピックは「コメントを閉じました」エリアに自動的に移動します。

　投稿終了期間を指定していない場合も，終了させたいトピックをこのエリアにドラッグアンドドロップで移動すると，自動的にコメント投稿ができなくなります。

❹　トピックタイトルをクリックすると，

そのディスカッション画面に遷移し，そのトピックに対するコメントの閲覧や投稿ができます。

❺　各トピックの右にある数字は，コメントの総数（右側）と未読のコメント数（左側）を示します。

❻　**コメントを閉じる**，**固定**（各トピックの右端の縦三点リーダー「：」の表示メニュー）

ドラッグアンドドロップしなくても，エリアを移動することができます。

❼　**重複**［複製］（各トピックの右端の縦三点リーダー「：」の表示メニュー）

トピックをコピーして複製できます。

⑵　ディスカッション

ディスカッション画面では，トピックに対して投稿されたコメントを確認できます。

❶　未読のコメントを一括で既読の状態にする，コメントを締め切るなど，トピックについて管理できます。

❷　コメントを，キーワードや投稿者で抽出できます。未読のコメントを抽出することもできます。

❸　削除済みのコメントを確認できます。

❹　未読のコメントには，左に青いドットアイコンが表示されます。

❺　各投稿右上の縦三点リーダー「：」のメニューより，受講生からのコメントについても削除や編集することが可能です。

7.3　受講生の活動状況の確認

7.3.1　モジュールの進捗

　モジュールに要件を設定すると，受講生の学習の進捗状況を確認できます。

　コースナビゲーションの「モジュール」をクリックして，モジュール画面に遷移します。画面右上の「進捗を表示」ボタンをクリックします。

　「受講生の進捗」画面に遷移します。

　サイドバーの受講生一覧から受講生を選択すると，その受講生が学習中のモジュールや完了したモジュールを確認できます。

　学習中のモジュールについては，要件ごとに，完了／未完了の状況を確認できます。

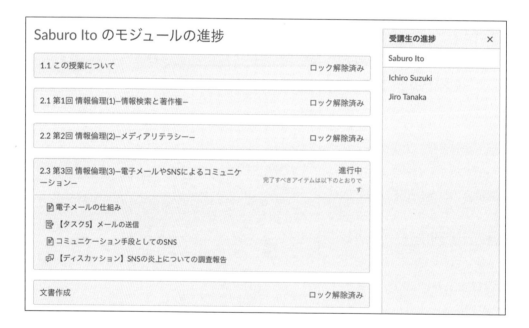

7.3.2　新しい分析

　コースの分析で，コース内のメンバーの活動状況を追跡，分析情報を確認できます。

　現在，コース分析には「コース分析（Course Analytics）」と「新しい分析（New Analytics）」の2種類の機能が用意されていて，利用している Canvas LMS 環境によって，どちらかのコース分析が利用できます（分析機能自体を制限している場合もあります）。

　Free For Teacher では，「新しい分析」機能を利用できます。

コースホームページのサイドバー「新しい分析」ボタンをクリックして，アナリティクス画面に遷移します。

タブで画面を切り替えて，さまざまな角度からコースの活動状況を確認できます。画面右上にダウンロードアイコンが表示されている場合は，CSV 形式ファイルとしてダウンロードできます。

同じく縦三点リーダー「：」のメニューが表示されている場合は，グラフと表に表示を切り替えできます。

＜コースの成績＞

課題やクイズの平均成績や提出状況を確認できます。

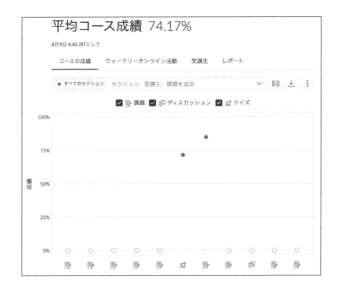

＜ウィークリーオンライン活動＞

コースの閲覧状況や参加（提出や投稿など）状況を週単位で確認できます。

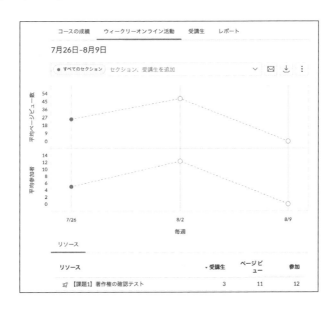

＜受講生＞

個々の受講生の成績やコースへの参加状況，講師とのコミュニケーション状況を確認できます。

＜レポート＞

受講生の名簿やコースの活動状況，未提出の課題，期限以降に提出された提出物などのデータを確認できます。

7.3.3　コースの分析

コース分析画面には，4つのセクションが表示されます。画面右上の表示切り替えで，グラフと表に表示を切り替えできます（データのダウンロードはできません）。

＜日付別のアクティビティ＞

コースの閲覧状況や参加（提出や投稿など）状況を，時系列で確認できます。

＜提出物＞

コース全体の提出物の提出状況（期限内に提出／遅れて提出／未提出）を確認できます。

＜成績＞

コースの成績の分布を確認できます。

＜受講生＞

コース内の全受講生のページ表示，参加，提出物，および現在のスコアを，受講生ごとに確認できます。

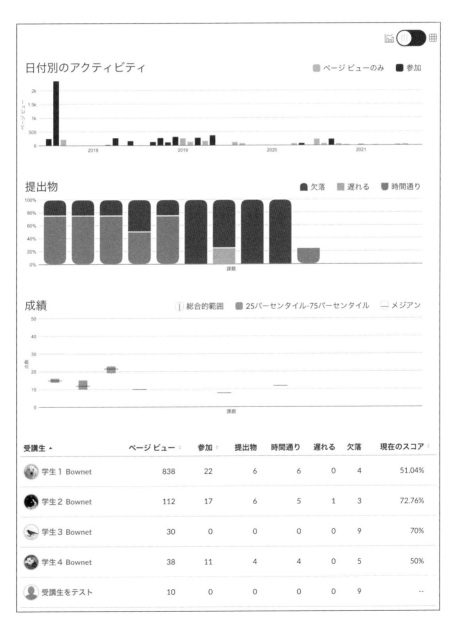

受講生 ▲	ページ ビュー ⇅	参加 ⇅	提出物	時間通り	遅れる	欠落	現在のスコア ⇅
学生 1 Bownet	838	22	6	6	0	4	51.04%
学生 2 Bownet	112	17	6	5	1	3	72.76%
学生 3 Bownet	30	0	0	0	0	9	70%
学生 4 Bownet	38	11	4	4	0	5	50%
受講生をテスト	10	0	0	0	0	9	--

<table>
<tr><td colspan="2">第</td><td rowspan="3"># **8**</td><td>章</td></tr>
</table>

第8章 グローバルナビゲーションの機能紹介

Canvas LMS のダッシュボードを中心に，グローバルナビゲーションの機能について紹介します。
全ユーザに対して，基本的に同じ機能が提供されます。

ここまで，コース内の操作について説明してきました。本章では，ダッシュボード画面で確認できる内容や，ユーザ設定，カレンダー，受信トレイの使い方などのグローバルナビゲーションの機能について紹介します。

＜本章で学ぶこと＞

8.1	ダッシュボード	
	8.1.1 カードビュー	コースカードを使いやすく管理します。
	8.1.2 最近のアクティビティ	4週間以内に起こった自分に関係する出来事を確認します。
	8.1.3 ダッシュボードのサイドバー	やるべきことのリストや予定を確認します。
8.2	ユーザアカウントの設定	
	8.2.1 ユーザ設定	ユーザ情報を設定します。
	8.2.2 お知らせ［通知］	Canvas LMS サイトでの活動についての E メール通知の有無，通知タイミングを指定します。
	8.2.3 ユーザアカウントのファイル	アクセス可能な個人ファイル，コースファイル，グループファイルをすべて管理します。
8.3	コースリスト	
	8.3.1 お気に入りコースの設定	お気に入りコース（ダッシュボードやコースリストに表示できるコース）を指定します。
8.4	カレンダー	
	8.4.1 カレンダーの管理	個人の予定や自分の登録しているコースの予定をまとめて管理します。
	8.4.2 課題やイベントの追加	カレンダーに課題やイベントを追加します。
8.5	受信トレイ	
	8.5.1 メッセージの管理	Canvas LMS のメッセージングツールで，メッセージを管理します。
	8.5.2 メッセージの作成	メッセージを新規作成します。

8.1　ダッシュボード

　Canvas LMS にログインすると，最初に表示されるのがダッシュボード画面です。Canvas LMS の基本操作画面であり，自分が活動しているコースすべての出来事を確認できます。

　画面左側には，Canvas LMS でよく使われる機能を集めたグローバルナビゲーションが表示されます。

　Canvas LMS のどの画面からでも，画面左のグローバルナビゲーションのダッシュボードリンクをクリックして，ダッシュボード画面に戻ることができます。

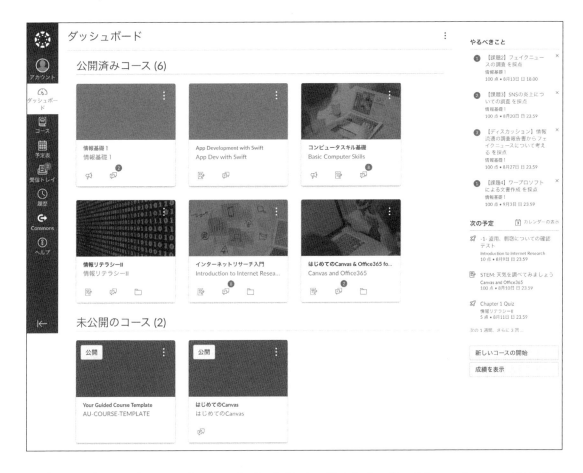

　ダッシュボードの表示は，ダッシュボード画面右上の縦三点リーダー「：」のメニューで切り替えることができます。

8.1.1　カードビュー

ダッシュボードには，自分の登録されているコースがコースカードと呼ばれるカラフルなカードとして表示されます。

❶　コースカードをクリックすると，それぞれのコースに入っていくことができます。コースカードの並び順は，ドラッグアンドドロップで簡単に変更できます。

❷　コース内にアナウンス，課題，ディスカッション，ファイルが存在する場合，コースカード下部にアイコンとして表示されます。アイコンに青い数字が表示されることがありますが，これはまだ確認していない新しいコンテンツがあることを示します。

❸　コースカード右上の縦三点リーダー「⋮」のメニューをクリックして，コースカードの色の変更やコース名を読みやすいニックネームに変更するなどのカスタマイズができます。

コースカードの並び順の変更やコースカードのカスタマイズは，自分の環境にのみ有効です。他のユーザの Canvas LMS 環境には影響しません。

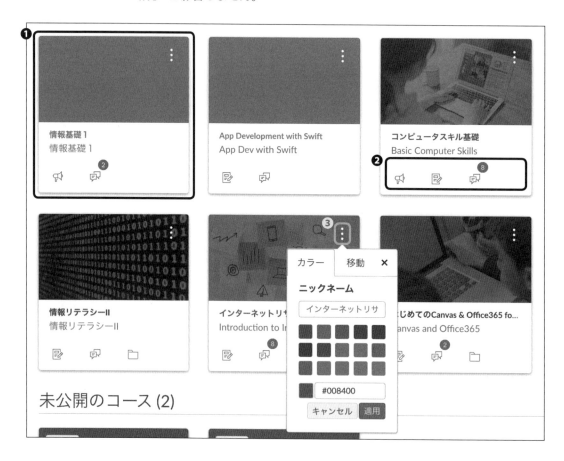

8.1.2　最近のアクティビティ

最近のアクティビティには，4週間以内に起こった自分に関係する出来事がリストアップされます。

❶　アクティビティは，アクティビティタイプによって分類され，アナウンスや受信トレイの受信

メッセージ，ディスカッションへの投稿など，アイコンでタイプを確認できます。

❷　**表示を増やす**

それぞれのリスト詳細は折り畳まれた状態で表示されますが，「表示を増やす」をクリックして，詳細を確認できます。

❸　詳細項目のリンクをクリックすると該当画面に遷移できます。

❹　まだ確認していない新しいアクティビティには，青い点が表示されます。

8.1.3　ダッシュボードのサイドバー

講師はサイドバーの表示から，やるべきことのリストや予定を確認できます。

❶　**やるべきこと**

採点が必要な課題タイトルが一覧表示されます。タイトルをクリックすると，SpeedGrader 画面に遷移できます。

課題タイトルの前に数字が表示されていますが，これは採点が必要な提出物の数を表します。必要な採点を行うと，一覧から課題タイトルが自動的に非表示になります。

❷　**次の予定**

今後 1 週間の課題やイベントの予定が一覧表示されます。

❸　**新しいコースの開始**

コースを新規作成できます。

❹　**成績を表示**

自分の担当しているコースの成績をすべて確認できます。

8.2　ユーザアカウントの設定

グローバルナビゲーションの「アカウント」で，ユーザ設定も含めさまざまな個人設定を行います。

8.2.1　ユーザ設定

ユーザ設定では，プロフィール画像，表示言語，タイムゾーンを設定できます。

グローバルナビゲーションの「アカウント」→「設定」をクリックします。

サイドバー「設定の編集」をクリックします。

❶　画像ファイルを指定，またはコンピュータのカメラで撮影（使用環境によって撮影できない場合もあります）して，プロフィール画像を設定できます。

❷　フルネーム

　正式な名前としてメンバー画面に表示されます。受講生の場合は成績に関係する画面に表示されます。

❸　表示名

　表示用の名前としてアナウンスやディスカッション，受信トレイで表示されます。ニックネームとして使用できます。

❹　並べ替え可能な名前

　既定値として名前，姓の順で設定されます。講師向けの一覧表示に影響する項目です。通常は変更する必要がありません。

❺　代名詞

　自分の使いたい代名詞を彼／彼女／彼らから選択します。

❻　言語

　　Canvas LMS 環境が設定した言語が既定で設定されていますが，インターフェース言語は自由に変更できます。ただし，コースの中ではコースの言語設定が優先されます。

❼　タイムゾーン

　　タイムゾーンの場所を設定すると，課題の期限などを現地時間で表示できます。

❽　パスワード

　　チェックするとパスワードを変更できます。

(1)　機能設定

　　Canvas LMS では，ユーザエクスペリエンス向上のための新しい機能が機能オプションとして提供され，ユーザの判断でコースに追加できるようになっています。

　　ユーザ設定画面の下部に，機能オプションの一覧が表示されています。

　　機能の「状態」をクリックして，有効または無効に切り替えます。各機能については，機能の左にある矢印をクリックすると説明が表示されます。

コラム

コースセットアップチュートリアル

コースセットアップチュートリアルは，Canvas LMS の操作に慣れていない講師を対象とした，コース作成支援ガイドです。

使用しているコース画面に対応したチュートリアルとして，その画面についての説明と Canvas Guide の関連するページへのリンクが表示されます。

※コースセットアップチュートリアルを利用する場合，所属機関がこの機能を有効にしている必要があります。

コースセットアップチュートリアルはユーザ単位のオプトイン（承諾）機能です。利用したい場合は，ユーザ設定でこの機能を有効にする必要があります。

ユーザ設定画面「機能設定」の「コース設定チュートリアル」を有効にします。

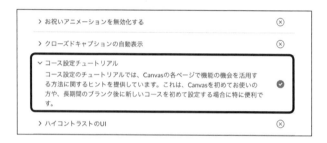

コースに戻ると，講師が使用している画面に即した内容のチュートリアルが表示されます。

デフォルトでは，チュートリアルは画面ごとに表示されます。チュートリアルを折り畳んで隠したい場合は，右上の矢印アイコンをクリックします。一度折りたたまれたチュートリアルは，再び矢印アイコンをクリックするまで折りたたまれたままになります。チュートリアル機能を中止したい場合は，「今後表示しない」ボタンをクリックします。

8.2.2　お知らせ〔通知〕

「お知らせ〔通知〕」は，Canvas LMS 内での活動を指定された E メールに通知してくれる機能です。グローバルナビゲーションの「アカウント」→「お知らせ〔通知〕」をクリックします。

通知の E メールが送信されるきっかけとなる活動（通知タイプ）が一覧表示されています。たとえば，「アナウンス」はコースにアナウンスを登録すると受講生に通知されます。また，「すべての提出物」は受講生から提出物が提出されると講師に通知されます。

❶　通知タイプ

E メールが送信されるきっかけとなる活動です。マウスオーバーすると，簡単な説明が表示されます。

❷　E メールが送信されるタイミングを指定します。指定できる通知タイミングは，「すぐに通知」，「日ごと」，「週ごと」，「通知なし」の 4 タイプです。通知タイミングの設定は簡単に変更できます。

> **注意**
>
> 「受講生への通知をコントロールしたい」という要望をよくいただきます。通知のタイミングは，他者からはコントロールできません。自分自身でカスタマイズします。
> 自分のコースの受講生たちに，どのようなタイミングで通知されるのかについては，コントロールできません。受講生自身の設定に委ねられます。

通知の設定は，すべてのコースに適用されます。ただし，「他のコースの通知は週単位でかまわないが，このコースからの通知はすぐ欲しい」というように，コースごとに設定することも可能です。その場合は，コースホームページのサイドバー「コース通知を表示する」ボタンから「コースの通知設定」画面を表示します。

通常，コースにはユーザアカウントで設定した通知の設定が適用されますが，このコース独自に通知の設定を行うことができます。

8.2.3　ユーザアカウントのファイル

コースのファイルではコースに存在するファイルを管理できましたが，ユーザアカウントのファイルで，自分がアクセス可能な個人ファイル，コースファイル，グループファイルをすべて管理できます。

グローバルナビゲーションの「アカウント」→「ファイル」をクリックします。

自分がアクセス可能なファイルが一覧表示されます。

❶　マイファイルフォルダ下では，個人的なファイルを管理できます。たとえば，一時的な教材フォルダを作成して作成途中の教材ファイルをアップロードするなどの使い方ができます。また，受信トレイのメッセージやディスカッションの添付ファイル，プロフィール画像としてアップロードしたファイルが自動的に反映します。

※受講生の場合は，ここに自分の提出物が自動的に反映します。

❷　コースフォルダには，自分の管理するコースのフォルダごとにコースのファイルがすべて反映します。

下図のファイル一覧にはありませんが，受講生グループのメンバーである場合，グループフォルダに，自分の所属するグループのフォルダごとにファイルがすべて反映します。

8.3　コースリスト

「コース」をクリックすると，表示されるコースメニューには自分に登録されているコースがアルファベット順に表示されます。このリストからも，コースに遷移できます。

8.3.1　お気に入りコースの設定

グローバルナビゲーションの「コース」→「すべてのコース」をクリックすると「すべてのコース」画面に遷移します。

　自分の登録されているコースが，過去に終了したコースも含めてすべて表示されます。

　特定のコースを「お気に入りコース」にして，コースメニューをカスタマイズすることができます。

　お気に入りコースにするには，コースの左にあるスターアイコンをチェックします（過去に終了したコースはお気に入りコースにできません）。お気に入りから外したい場合は，チェックされたスターアイコンをクリックしてチェックを外します。

　お気に入りコースに指定したコースのみが，コースメニューやダッシュボードのコースカードとして表示されます。

注 意

　受講生から，「急にコースにアクセスできなくなりました」と問い合わせが入ることがよくあります。お気に入りコースのスターアイコンのチェックが原因であることがほとんどです。

　もし，このような問い合わせがあった場合は，お気に入りコースの設定をまず確認してください。

8.4　カレンダー

カレンダーで，個人の予定や自分の登録しているコースの予定をまとめて管理できます。

グローバルナビゲーションの「予定表」をクリックします。

8.4.1　カレンダーの管理

カレンダーには，個人や自分の登録しているコース，グループのスケジュールが表示されます。カレンダーは月単位の表示が既定値ですが，日ごとや週ごと，アジェンダリストに切り替えることができます。

❶　ナビゲーションバーで，カレンダー表示を週，月，アジェンダから選択できます。

❷　カレンダーのクイックビューや，個人または自分の登録しているコースとグループのリスト，日付のないアイテムのリストが表示されます。

❸　❶や❷で指定された内容のカレンダーが表示されます。

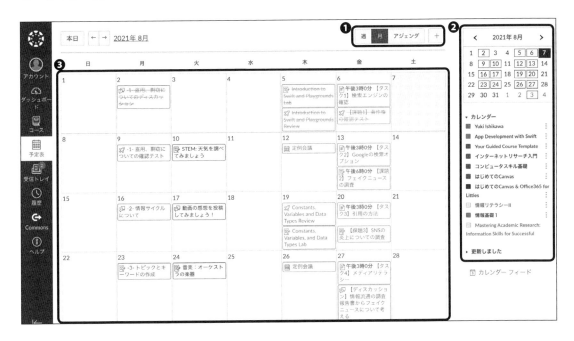

(1)　カレンダーリスト

カレンダーに表示したいスケジュールを，カレンダーリストから選択します。リストの名前の横にあるボックスをクリックして，カレンダーへの表示／非表示を切り替えます。

　個人やコース，グループのスケジュールは，カレンダー
ビューにそれぞれ色別で表示されます。合計 10 個のスケ
ジュールをカレンダービューに表示可能です。

❶　名前の横にあるボックスが色表示されているスケ
　ジュールがカレンダーに表示されます。

❷　グレーアウト表示されているスケジュールはカレン
　ダーに表示されません。

▼ カレンダー

■ Yuki Ishikawa

■ App Development with Swift

■ Your Guided Course Template

❶■ インターネットリサーチ入門

■ コンピュータスキル基礎

■ はじめてのCanvas

■ はじめてのCanvas & Office365
for Littles

❷□ 情報リテラシーⅡ

注 意

　カレンダーリストの表示／非表示の設定は，自分自身でカスタマイズします。他者からはコント
ロールできません。つまり，受講生のカレンダーにどのコースのスケジュールが表示されるかは，受
講生自身の設定に委ねられます。

　カレンダーリストの下「更新しました［日付なし］」に
は，日付指定のない課題やイベントの一覧が表示されてい
ます。日付指定したい場合は，リストからドラッグアンド
ドロップで日付セルに移動させます。

▼ 更新しました

WEEK 01 - Lecture & Quiz -...

WEEK 01 - Lecture & Quiz - The...

WEEK 01 - Getting to know each...

WEEK 02 - Dangers of texting &...

WEEK 03 - Disconnect movie

WEEK 08 - Using computers

WEEK 05 - Ted Talk: An...

WEEK 07 - Ted Talk: Andrew
Blum:...

(2)　課題やイベントの表示

　カレンダーには，タイトルと共にアイコンが表示され，どのような予定か区別ができるようになっ
ています（次ページの上図）。予定にマウスオーバーすると，時間やコース名が表示されます。

　編集権限のある予定を，ドラッグアンドドロップで移動して日時を変更することもできます。

❶　コースの課題，クイズ，ディスカッション課題は，期日として指定された日付の予定として表示
　されます。

❷　個人やコース，グループのイベントにはカレンダーアイコンが表示されます。

❸　期日を過ぎ，採点の終わっている課題には取り消し線が引かれます。

❹　点線で示した予定をクリックすると詳細画面が表示され，該当画面がある場合はリンクから遷移
　できます。編集権限がある予定に関しては，編集することも可能です。

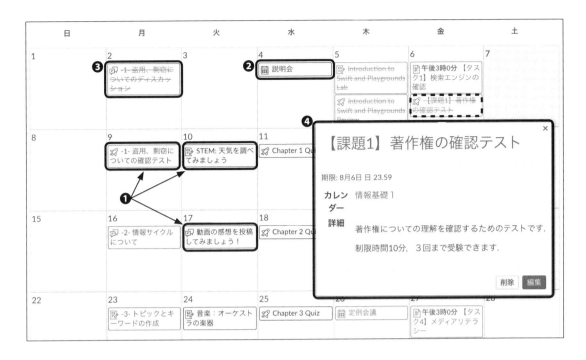

8.4.2　課題やイベントの追加

　日付のセルをクリックして，カレンダーに課題やイベントを追加できます。コースに課題やコースで共有するイベントを，個人に個人イベントを追加できます。

❶　予定を入れたい日付のセルをクリックして課題やイベントを追加します。

❷　ナビゲーションバーの「＋」ボタンからも課題やイベントを追加することができます。

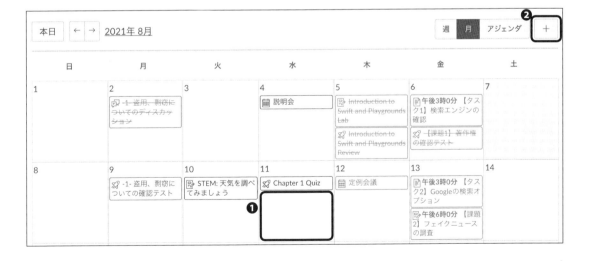

⑴　イベントの追加

　「イベント」タブ画面から，コースで共有するイベントや個人イベントを追加できます（上図）。

⑵　課題の追加

　「課題」タブ画面から，コースの課題を簡単に追加できます（中図）。ただし，この画面から設定できる項目は，課題名，期日，課題グループ，公開ステータスのみです。

　仮の課題として作成し，課題の説明や配点，提出方法などの詳細設定を，コースの課題編集画面で後から設定します。また，「その他のオプション」ボタンからコースの課題編集画面に遷移することもできます。

8.5　受信トレイ

　受信トレイ（下図）は，Canvas LMS 内で使用できるメッセージングツールです。電子メールの代わりに，コースのメンバーとコミュニケーションを取ることができます。

8.5.1　メッセージの管理

　グローバルナビゲーションで，受信トレイのリンクをクリックします。

❶　ツールバーで，メッセージのフィルタリングや新規作成，管理ができます。

❷　受信トレイパネルにはスレッドが一覧表示されます。

❸　❷でスレッドを選択すると，そのスレッドのメッセージ全体が右のメッセージパネルに表示されます。

❹　各メッセージ内で，返信や転送，または削除を行うことができます。

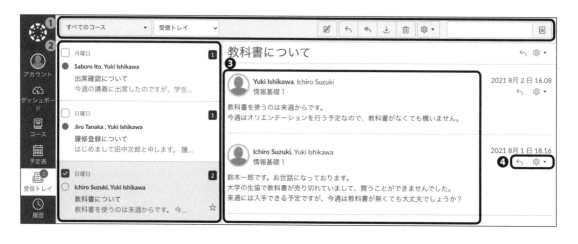

> **注意**
>
> 　「お知らせ［通知］」の設定により，受信トレイのメッセージ受信を連絡先 E メールアドレスに通知することができます。この通知にはメッセージの内容も含まれているので，メッセージを読んでそのまま E メールアドレスから返信することもできます。
> 　通知については，8.2.2 項「お知らせ［通知］」を参照してください。

8.5.2　メッセージの作成

　ツールバーからメッセージを新規作成できます。「新しいメッセージの作成」アイコンをクリックします。

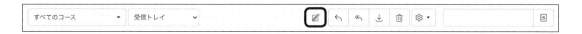

　「メッセージを作成」画面が表示されます。

　メッセージの対象コースと宛先を指定します。宛先は名簿アイコンから指定することもできます。通常の電子メールのように，科目［件名］とメッセージ内容を入力して送信します。ファイルを添付することもできます。

受講生の操作画面

受講生向けの画面やその操作について紹介します。

　受講生が学びやすいコースにするためには，講師向けの機能だけでなく受講生向けの機能について理解しておくことも必要です。受講生向けダッシュボードやコースホームページ，課題提出やクイズの解答方法，成績表，グループホームページについて紹介します。

＜本章で学ぶこと＞

(1)		ダッシュボード	
	①	カードビュー	受講生として，カードビューに表示される情報を確認します。
	②	リストビュー	受講生として，タスクリストを管理します。
(2)		コースでの活動	
	①	コースホームページ	受講生として，履修登録しているコースの情報を確認します。
	②	課題の提出	受講生として，課題を提出します。
	③	クイズへの解答	受講生として，クイズに解答します。
	④	ディスカッションへの投稿	受講生として，ディスカッションにコメントを投稿します。
	⑤	成績の確認	受講生として，成績を確認します。

(1)　ダッシュボード

　受講生の場合も講師と同じように，Canvas LMS にログインすると最初にダッシュボード画面が表示されます。

　基本的に，受講生向けのダッシュボード画面も講師向けのダッシュボード画面と同じ内容が表示されます。ダッシュボード画面で，現在登録しているコースすべての出来事を確認することができます（次ページの図）。

　ダッシュボード画面右上の縦三点リーダー「⋮」のメニューから，表示を切り替えることができます（右図）。

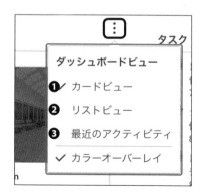

❶　**カードビュー**：自分の登録コースのコースカードが一覧表示されます。

❷　**リストビュー**：タスクリストが表示されます。

❸　**最近のアクティビティ**：登録コースすべての最近の活動を確認できます（講師向けとほぼ同じ画面が表示されます）。

① **カードビュー**

講師と同じように，自分が登録しているコースのコースカードが表示されます。コースカードをクリックすると，コースホームページにアクセスできます。

自分が使いやすいように，コースカードの色や並び順を変更できます。また，コースにニックネームを付けてわかりやすくすることもできます。

サイドバーには，タスクリストやフィードバックが表示されます。

❶ **タスクリスト**：自分の登録しているすべてのコースから，期日が近い課題やイベントが7項目まで表示されます。「すべて表示する」をクリックすると，リストビューが表示され，全項目を確認できます。

❷ **最近のフィードバック**：自分の登録しているすべてのコースから，自分の提出物に対する講師からのフィードバック（スコアやコメント）が過去4週間分表示されます。

❸ **新しいコースの開始**：コースを新規作成できます。Free For Teacher では，受講生でもコースを作成してそのコースの講師になることができます。使用している Canvas LMS 環境によっては，このボタンが表示されない場合があります。

❹ **成績を表示**：登録しているコースの自分の成績をすべて確認できます。

② **リストビュー**

リストビューには，自分に対するすべてのタスクがアジェンダとして時系列で表示されます（次ページの上図）。自分に課せられているタスクを簡単に管理することができます。

　タスクリストには，コースの課題やクイズ，課題ディスカッションの他，タスク指定されたページやディスカッション，アナウンスやイベントも表示されます。また，個人的なタスクを作成することもできます。

❶　提出物のある項目は，提出すると完了と見なされます。完了した項目は「完了したアイテム」と表示されます。

❷　手動で完了とする場合は，チェックボックスをチェックします。

❸　リスト右上にある「＋」アイコンをクリックすると，自分自身に対するタスクを作成できます（右図）。

注 意

　スケジュール管理にカレンダーを使用する受講生もいますが，カレンダーにはカレンダーリストの設定により表示されない情報もあります。そのため，リストビューを使用した方が，確実にスケジュール管理することができます。

⑵　コースでの活動

①　コースホームページ

　コースホームページは，コースにアクセスすると最初に表示されるページです。コースの設定により表示される内容は違ってきますが，基本的な画面は以下のとおりです。

　メインエリアには，コースの設定により，**モジュール，シラバス，課題一覧**，Front Page，**コースのアクティビティストリーム**のいずれかが表示されます。

❶　コースナビゲーションには受講生に必要な項目のみが表示されます。

❷　コースの設定により，アナウンスが表示されます。

　サイドバーには，そのコースに限定した「タスク」や「コース グループ」，「最近のフィードバック」が表示されます。

❸　**タスク**：コース内の期日が近い課題やイベントが7項目，一覧表示されます。

❹　**コース グループ**：コース内の自分の所属する受講生グループがリスト表示されます。クリックすると，それぞれのグループホームページに遷移します。

❺　**最近のフィードバック**：コース内の自分の提出物に対する講師からのフィードバック（採点やコメント）が過去4週間分表示されます。

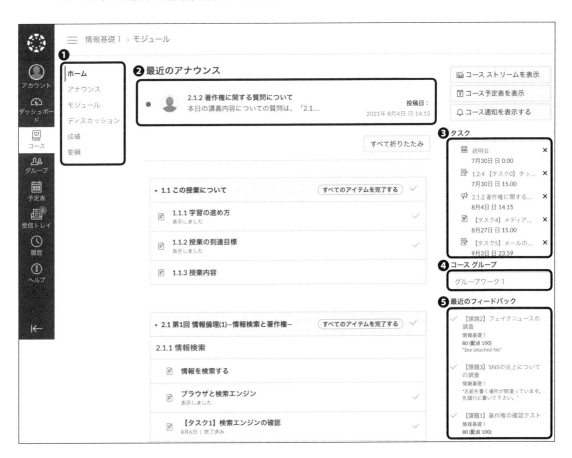

② **課題の提出**

　受講生は課題画面から課題を提出します。

　課題画面には，提出期限，配点，提出方法が表示されます。指定されている場合は使用可能期間も表示されます。

　「課題を開始する」ボタン（初めて提出する場合），もしくは「新しい試行」ボタン（再提出する場合）をクリックして，提出物を提出します。

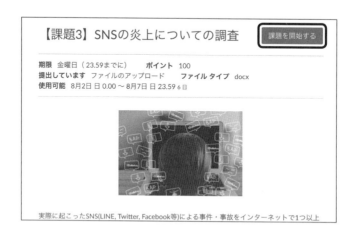

　課題に設定された方法（テキスト入力やファイルアップロード）で，提出物を提出できます。

> **注 意**
>
> 　「課題を開始する」ボタン，もしくは「新しい試行」ボタンが表示されない場合は，オンライン提出以外の提出方法の課題であるか，または使用可能期間外であることが考えられます。

　提出物を提出するとサイドバーに提出日時が表示され，「提出物の詳細」から提出物を確認できます。詳しくは，第3章の3.3節「受講生ビューからコースを体験する：その1」を参照してください。

　複数回提出した場合，受講生は最後に提出した提出物のみ確認できます。

　講師の評価後は，課題画面のサイドバーに，スコアやコメント，設定されている場合は注釈［ルーブリック］も表示されます。

ファイルを提出した場合，提出物
ファイルはユーザアカウントのユー
ザファイルにコピーされます。ここ
からも，自分の提出物ファイルを確
認できます。

　グローバルナビゲーション「アカ
ウント」サブメニューの「ファイ
ル」をクリックします。

　ファイル一覧の「マイファイル」
→「提出物」から，コースごとの提
出物ファイルにアクセスできます。

　提出物ファイルフォルダはロックされているので，提出物ファイルを確認できますが，削除するこ
とはできません。

③　クイズへの解答

　クイズのページからクイズに解答できます。

　クイズ画面には，提出期限，配点，問題数，制限時間，解答可能回数が表示されます。指定されて
いる場合は解答可能期間も
表示されます。

　「クイズに答える」ボタ
ン（初めて解答する場合），
もしくは「もう一度クイズ
に答える」ボタン（再解答
する場合）をクリックして，
クイズの解答画面を表示し
ます。

選択式，真／偽，小論文形式
など，さまざまな問題がありま
す（上図）。各問題の配点は右
上に表示されます。

サイドバーには，問題リスト
と解答の進捗状況や経過時間が
表示されます。問題リストの問
題名をクリックすると，問題に
移動できます（クイズの設定に
よっては移動できない場合もあ
ります）。

【課題1】著作権の確認テスト

開始しました: 8月2日 日 12.07

クイズの指示

著作権についての理解を確認するためのテストです.

制限時間10分，3回まで受験できます.

☐　問題 1　　　　　　　　　　　10 点

空白に当てはまる言葉として正しいもの選びなさい.

著作権は，[　]と[　]の権利を守る法律である.

☐ 著作者
☐ 著作物を伝達する人
☐ 著作物を譲渡される人
☐ 著作物を利用する人
☐ 学校関係者

質問
⑦ 問題 1
⑦ 問題 2
⑦ 問題 3
⑦ 問題 4
⑦ 問題 5
⑦ 問題 6

経過時間:　非表示
試行期限: 8月20日 日 23.59
9分, 47 秒

問題にフラグが表示されている場合（中図），
見直したい問題のフラグをチェックして目印に
できます。

解答の入力が終了したら，「クイズの提出」
ボタンをクリックします。未記入の問題がある
場合は警告メッセージが表示されます（下図）。

問題 1　　　　　　　　　　　10 点

空白に当てはまる言葉として正しいもの選びなさい.

著作権は，[　]と[　]の権利を守る法律である.

☑ 著作者
☐ 著作物を伝達する人
☐ 著作物を譲渡される人
☐ 著作物を利用する人
☐ 学校関係者

問題 2　　　　　　　　　　　10 点

以下の選択肢の中から正しいものを全て選びなさい.

☐ レポートに引用元を記載してあれば，原文を自身の文章に合わせて多少変更しても構わない.
☐ 引用して利用できる著作物は，公表されたものでなければならない.
☐ レポートには，原文の表現の一部を修正して記載しているので，原文の出典元を示す必要はない.
☐ レポートで引用する際は，どこからどこまでが引用箇所かわかるように前後に改行を入れる，書体を変える等，自分の文章と区別する

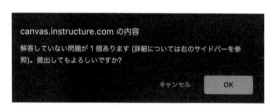

canvas.instructure.com の内容

解答していない問題が 1 個あります (詳細については右のサイドバーを参照)。提出してもよろしいですか?

キャンセル　　　OK

クイズを完了すると，スコアや提出日時が表示されます（次ページの上図）。

クイズによっては，フィードバックとして解答内容や正解が表示されます。過去の解答内容は「試行履歴」から確認できます。またサイドバーに，解答にかかった時間や成績表に反映するスコアが表示されます（クイズや成績の表示設定によっては，これらの表示は制限されます）。

まだ解答回数が残されているクイズの場合は，「もう一度クイズに答える」ボタンが表示されます。

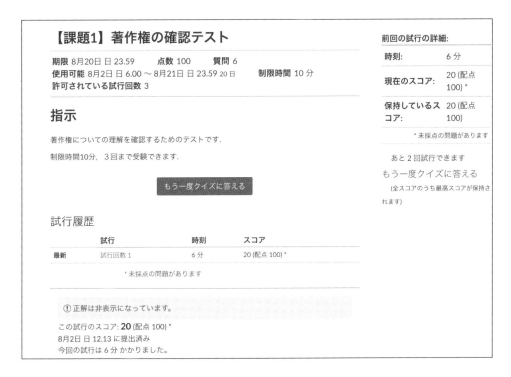

④ ディスカッションへの投稿

　ディスカッション一覧からトピックを選択して，投稿コメントの閲覧や投稿ができます．トピックタイトルの右にある数字は，コメントの総数（右側）と未読のコメント数（左側）を示します．

　トピックとトピックに対しての投稿を確認でき
ます（上図。ディスカッションの設定によっては,
自分が投稿するまで他受講生からの投稿は非表示
となります）。未読の投稿には, 左に青いドット
アイコンが表示されます。

　ディスカッション画面では, コメントをキー
ワードや投稿者で抽出できます。未読のコメント
を抽出することもできます。

　トピックに対しての投稿や投稿について返信を
投稿できます（中図）。投稿にファイルを添付す
ることもできます。

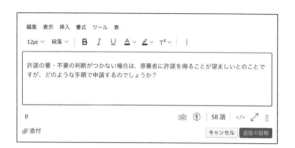

　自分の投稿については, 右上の縦三点
リーダー「⋮」のメニューより, 編集・
削除することが可能です（下図）。自分
以外の投稿を編集・削除することはでき
ません。

⑤　成績の確認

成績表で, スコアや, コメント, ルーブリックを確認できます。

※採点の詳細や合計成績など, コースの設定により表示されないことがあります。

コースナビゲーションの「成績」をクリックすると, 成績表画面に遷移します（次ページの上図）。

❶　課題やクイズのタイトルをクリックすると, 課題画面やクイズ画面に遷移できます。ステータ
　　スには「遅延」,「欠如」などの提出ステータスが表示されます。コメントやルーブリックのアイ
　　コンをクリックすると, それぞれの詳細を確認できます（次ページの下図）。

❷　合計：すべての合計成績が表示されます。

❸　詳細をすべて表示：成績に関する詳細情報がすべて表示されます。

❹　採点済みの課題のみに基づいて計算する：チェックされている場合, 採点済みの課題やクイズ,
　　課題ディスカッションのみが総合成績に反映します。チェックを外すと, 未採点の課題やクイズ,
　　課題ディスカッションも含めたすべてが総合成績に反映します。

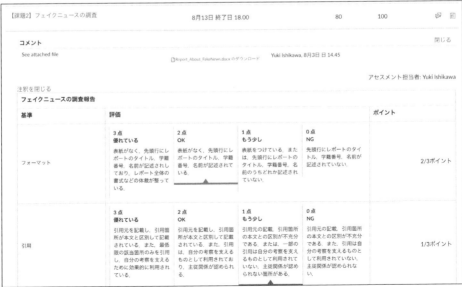

第**IV**部
Canvas LMS を授業に導入する

第 9 章　授業設計と LMS の関係 ……………………………………………… *158*

第10章　学習活動を Canvas LMS に置き換える ……………………………… *162*

補足②　LMS における技術標準 ……………………………………………… *169*

第 9 章 授業設計と LMS の関係

9.1 授業設計と情報システム

この本の読者のなかには，すでに授業を担当している方だけでなく，これから新しく授業を担当する方もいらっしゃると思います。本章では，授業設計と LMS の関係を説明し，Canvas LMS を授業にどのように導入していくことができるかを考えます。

授業では，

- 何ができるようになるのか（学習目標）
- そのためには何を教えるか（学習内容）
- それをどのように教えるか（学習方法）

のように授業で教えることと

- 受講する資格があるか／必要があるか（前提科目や受講条件）
- きちんと授業内容が身についたか／学習目標が達成できたか（成績評価）

という授業の入口と出口で評価することを考えて，授業を設計（デザイン）していきます。これらは，学生に授業に関する情報を知らせるシラバスにも記載する内容です。各回の授業でも，その時間の学習目標と学習内容を確認して，身につけるのに適切な学習方法（教授方法）を考えます。学習内容に応じて，採用する学習方法（教授方法）はさまざまです。以下に，情報の基礎科目を例に学習目標と学習内容，そして学習方法を挙げてみます。

＜知識に関する学習目標＞

① 学習目標：ホームページが表示される仕組みを説明できる
② 学習内容：Web サーバや URL，HTML，ブラウザなどのホームページが表示される仕組みについて
③ 学習方法：講義を聴く，教科書を読む

＜運動技能に関する学習目標＞

① 学習目標：キーボードを見ずにタイピングできる
② 学習内容：ホームポジションとタッチタイピングについて
③ 学習方法：タッチタイピングの練習ソフトなどを使って，実際にキーボードを見ずにタイピングを繰り返し練習する

＜態度に関する学習目標＞
① 学習目標：情報を批判的に読み解くことができる
② 学習内容：さまざまなメディアの特性と SNS によるデマやフェイクニュースの発信者の意図およびその対処について
③ 学習方法：講義を聴く，ビデオを視聴する，ディスカッションする，事例を調べる，レポートにまとめる

このように教室で行われる授業では，学習内容に応じて，教科書やビデオなどのさまざまな教材が用いられています。また，講義を聴く，教科書を読む，ビデオを視聴する，問題を解く，体やその一部を動かして練習する，ディスカッションするなどの学習活動を通じて，学習します。Canvas LMS を使うことで，これらのさまざまな教材を利用した学習活動を PC やスマートフォンなどの Web ブラウザのなかで実施することができます。

しかし，当然ですが，単に LMS を授業で利用するだけでは，思ったような教育効果は得られないかもしれません。まずは，先ほど挙げたように，どのような授業を実施するのか，すでに授業設計されているのであれば，実施する学習活動の一部を LMS で置き換えていくことから始めるのがお勧めです（図 9-1）。そして，徐々に LMS の活用の幅を広げることで，教育効果を高めていくことを目指していけばよいでしょう。

図 9-1　学習活動の一部を LMS で置き換える

9.2　一斉授業から個別化した学習へ

一人ひとりの学力の差は，学習者の能力の差ではなく，学習内容を修得するのに必要な時間が一人ひとり違うためであるという，心理学者のジョン・B・キャロルが提案したインストラクショナルデザインモデル「学校学習の時間モデル」があります。

$$\text{学習率}\ (\text{Degree of learning}) = \frac{\text{学習に費やした時間}\ (\text{Time actually spent})}{\text{学習に必要な時間}\ (\text{Time needed})}$$

これは，一人ひとりが学習内容を修得するのに十分な時間をかけることができれば，全員修得することが可能だという，完全修得学習の考え方の基盤となりました。このモデルに立脚して学習を考えると，教員は学習者の個人差を認めて，個別に必要な時間をかけて修得させたいと考えます。しかし，

教室の授業では，1回の授業時間はしっかり決まっていて，学校教育のなかでは，教員が学生全員の前で授業する一斉授業がずっと行われてきました。これは，同じ内容を大人数の学生に伝えるのに一斉授業が効率的だったからです。大人数の学生に対して教員が個別に対応するのには，限界があるのは明らかです。そのため，キャロルの学校学習の時間モデルでは，一人ひとりの学習内容を修得するのに必要な時間には個人差があることを指摘していますが，実際の授業では，個別に教えるということはなかなか難しいというのが現状でした。

しかし，ここ数年でこの状況が大きく変わろうとしています。現在，大学や小中高の学校では一斉授業が行われていますが，PC やスマートフォンの普及，ICT 技術の発展によって，授業での講義内容は，動画や音声でも届けることができるようになりました。このような学習環境が提供されるようになれば，学生は学ぼうと思えば，必要な時間をかけて何度でも学習できるようになります。また，学習していてわからないことがあっても，今ではその場でインターネットの情報にアクセスして，自分で調べることもできるようになりました。

そのようななか，新型コロナウイルスの世界的大流行が起こりました。日本でも緊急事態宣言が出され，学校が休校する事態となりましたが，皮肉にもこのことが諸外国に遅れを取っていた日本の学校における ICT 環境を大きく変えました。「学びを止めない！」という言葉のもと，文部科学省のGIGA スクール構想という施策で新型コロナ以前から予定されていた一人一台の PC 環境の整備が前倒しで一気に進められ，インターネットを介したオンライン授業が全国で実施されました。これを機に，LMS に初めて触れた教員も多いと思います。オンライン授業では試行錯誤のなか，オンライン会議システムを利用したリアルタイムな一斉授業だけでなく，動画や音声，PDF などで作成された教材によるオンデマンドの授業も実施されました。オンライン会議システムによるリアルタイムの一斉授業は，ただ配信するだけでなくレコーディングして動画で残すことができます。授業の様子を動画で残しておけば，学生が後から復習に利用することができます。さらに LMS を活用すれば，学生一人ひとりの学習の進み具体や小テストなどの理解度に応じて，フィードバックの内容や提供する教材を変えたりすることができるので，学生が個別に学ぶことを支援することができます。PC やインターネットなどの ICT 環境は整いつつあります。LMS を活用して，個別化した学習にもチャレンジしてみてはいかがでしょうか。

9.3　e ラーニングとブレンディッドラーニング

Canvas LMS で授業を実施する際には，大きく分けて 2 つ活用方法があります。1 つは授業の内容をすべて LMS で実施するフルの e ラーニング，そしてもう 1 つは授業の一部を LMS で実施するブレンディッドラーニングです（図 9-2）。

フルの e ラーニングは，非同期で学習することを前提に授業が設計され，いつでもどこでも学ぶことができ，地理的に離れている学生同士でも一緒に交流しながら学ぶことができる学習方法です。その反面，学習は独習が基本となり，PC の画面越しに進めます。そのため，一緒に学習する仲間がいるという認識が希薄になり孤独を感じやすく，うまく学習に対する動機づけができないままな結果，修了率が低くなりがちです。また，授業を実施する教員からみても，学生が一人で学習できるよう

に授業設計し，自身ですべての教材を作成するのは，かなり大変で困難を極めることが予想されます。よって，フルの e ラーニングの授業を実施するのは，e ラーニングコンテンツ作成やインストラクショナルデザインの専門家の領域になってくるといえるのかもしれません。

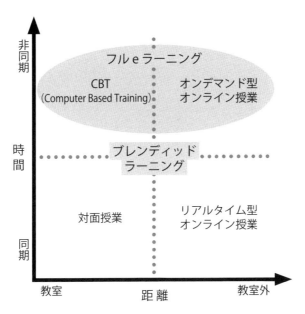

図 9-2　さまざまな授業形態とブレンディッドラーニング

　一方，ブレンディッドラーニングは，教室での授業において，フルの e ラーニングのデメリットを補う形で一部の学習活動を LMS で実施する，いいとこ取りの学習方法といえます。教員は，授業で行う学習活動に対して，最初から完璧で最適なブレンディッドラーニングを目指す必要はなく，自身の経験に応じて，可能なものから徐々に LMS による学習活動を取り入れていくことができるのもブレンディッドラーニングのメリットです。授業の一部を LMS が支援すると考えるとイメージしやすいでしょう。

第10章 学習活動を Canvas LMS に置き換える

授業に Canvas LMS を導入する際には，いきなりすべての内容を Canvas LMS で教えることを考えずに，一部の学習活動から無理のない範囲で置き換えていくのがお勧めです。本章では，対面で行っている授業の学習活動を，Canvas LMS を使ってどのように置き換えることができるかを紹介します。置き換える Canvas LMS の機能の詳細については，適宜本書の該当ページを示しました。必要に応じて，実際の操作を確認したい際には，そちらを参照してください。

10.1 まずここから始めよう

10.1.1 講義資料の準備

資料を作成する方法はいくつかあります。すでに授業で使っている資料がありますか。紙の資料であれば，スキャンして PDF ファイルにしましょう。専用のスキャナーでなくても，コンビニにあるようなコピー複合機でもスキャンすることができます。紙の資料をもともとワープロソフトやプレゼンテーションソフトで作成していたのであれば，データのまま利用しましょう。普段から使い慣れたアプリケーションで作成するのが簡単です。Canvas LMS のページ機能を使えば，ブラウザ上で編集して Web ページとして作成することもできます。ワープロソフトと同じような WYSIWYG エディタが使用できるので，文字の大きさの変更や色指定，太字にするなどの修飾も可能です。

10.1.2 配布資料の準備

ワープロソフトやプレゼンテーションソフトで作成した資料であれば，そのままデータで配布することもできます。しかし，特定のワープロソフトやプレゼンテーションソフトで作成したデータの場合，そのファイル形式に対応したソフトウェアでないとファイルが開けません。せっかく配布した資料も表示ができないと困ります。ですので，配布資料の場合は，PC，スマートフォンの多くのプラットフォームで表示できるように PDF ファイルにしたものを配布するのがよいでしょう。

10.1.3 小テスト

授業で扱った内容の知識の定着を確認するために，小テストを実施することがあります。すでに授業で使用している紙のテスト問題があれば，Canvas LMS のクイズ機能を使ってみましょう。

(1)　小テストを紙で実施するうえでの苦労

　小テストを実施するからには，解答が正解か不正解か採点する必要があるので，紙にプリントしたテスト問題を使用した小テストであれば，学生の解答を回収して教員が採点したり，または学生が自己採点したりするということが行われます。小テストは，授業がうまくいっているか，学生がきちんと学習できているかを確認するために学習の進み具合に応じて実施しますが，教員が採点する場合には，次のような苦労があります。

① 採点する負荷が大きい

　学生の人数が多いと，教員の採点する負荷が大きくなってしまいます。たとえば大学の授業では，大教室で行うような授業もあり，学生が数百人単位で受講している授業もあります。また，得点を成績に利用する場合は，表計算ソフトなどに得点を入力して集計もすることになります。

② すぐにフィードバックすることが難しい

　小テストの採点を授業のなかで行う時間はないので，通常，次回の授業でフィードバックすることになります。

③ 個別にフィードバックすることが難しい

　正解，不正解だけでなく，個別に解説や復習の指示をフィードバックするのにも限界があり，全体的なフィードバックになりがちです。

④ フィードバックによって学習内容が身についたかどうか確認するのが難しい

　学生が教員のフィードバックをしっかり活かして，その問題を正解できるようになったかどうかは，期末試験のような機会まで知ることができません。

　このように，紙で実施する小テストでの教育効果と教員の採点やフィードバックにかける負荷はトレードオフの関係であり，学生がしっかりフィードバックを学習に活かすことができるかは，学生本人次第ということがあります。

(2)　小テストを Canvas LMS で実施するメリット

　Canvas LMS のクイズ機能を使って，複数選択問題，真／偽問題，穴埋め問題，数式問題などの問題タイプによる小テストを実施することができます（設定方法など詳しくは，第 4 章の 4.5 節「クイズ」を参照してください）。

① 学生が大人数でも教員の負荷なく採点することができる

　一部の問題タイプを除いて，学生が問題に解答すると Canvas LMS が自動で採点します。そのため，たとえば学生が数百人単位で受講しているような大人数の授業であっても，教員は問題の作成時に解答を設定しておくことで，小テストの採点は不要です。また，得点を成績に利用する場合は，Canvas LMS の採点結果を利用でき，得点の一覧表示や集計も簡単に行うことができます。

② 即時にフィードバックすることができる

　学生が解答を提出したタイミングで Canvas LMS が自動採点するので，提出後すぐに正解，不

正解の採点結果とフィードバックを表示することができます。そのため，紙で小テストを実施する場合のように，学生は教員の採点，フィードバックを待つ必要はありません。

③　正解，不正解に応じて個別にフィードバックすることができる

　　教員は，あらかじめ設問ごとに正解の場合のフィードバックと不正解の場合のフィードバックを設定しておくことができるので，Canvas LMS が学生の設問ごとの正解，不正解に応じて自動で個別に必要なフィードバックを行います。

④　何回でも繰り返し受験させることができる

　　複数回受験できるように設定しておくことで，一度解答した問題でも学生に繰り返し受験させることができます。Canvas LMS の小テストの受験結果を分析した研究において，学生は，何度でも受験できる環境があれば，たとえば合格点を 80 点と示していても 100 点満点を目指して自分が納得するまで何度も挑戦する傾向があることが報告されていて，結果，全体的な得点が上昇し，学習効果が向上することが期待できます。

10.1.4　レポート課題

　レポートを提出させる手軽な方法に，添付メールで受け付ける方法があります。

⑴　レポート課題をメールで実施するうえでの苦労

　メールは，教員も学生も利用できるツールということもありとても便利ですが，レポートを受け取るために利用する場合は，次のような苦労があります。

①　未提出者の把握が困難

　　未提出者を把握するには，提出者のリストを作成する必要があります。少人数であれば大変ではありませんが，学生の数が多くなると，見落としの発生にも気をつけなければなりません。

②　ファイルの添付漏れや開くことができない種類のファイル提出の発生

　　ファイルの添付漏れのミスや開くことができない種類のファイルだった場合は，ファイルの再送を指示します。添付漏れに関しては，メールの送信時に警告して教えてくれるものもありますが，ときどきこのようなやり取りが発生してしまいます。

③　採点時のファイルの表示が手間

　　採点の際は，添付されたファイルを一つひとつ開いて確認する必要があります。ファイルを開いて，内容を確認，採点し，閉じるという動作を，メールとファイルを開くアプリケーション，採点を記録する表計算ソフトなどとを行ったり来たりしながら行うのは，とても手間に感じられます。

⑵　レポート課題を Canvas LMS で実施するメリット

　Canvas LMS のレポート課題機能を使って，レポート課題の提出を受け付けることができます（設定方法など詳しくは，第 4 章の 4.1 節「課題」を参照してください）。

①　提出者を一覧で表示できる

　　レポートの提出状況は，Canvas LMS で一覧表示して確認することができます。教員は，Canvas LMS の一覧をみて，未提出者のフォローなどの対応を考えることができます。

② 提出できるファイルの種類を指定できる

　　ファイルの拡張子を指定して，提出できるレポートのファイルの種類を指定することができるので，教員が開くことができない種類のファイルが提出されるのを防ぐことができます。

③ ブラウザ上で採点ができる

　　ブラウザに提出されたファイルのプレビュー表示をみながら，採点することができます（SpeedGrader 機能）。採点のためにファイルをダウンロードして開かなくてもよいため，素早く採点することが可能です。

⑶　レポート課題を紙で実施する科目での変化

　複雑な計算問題を扱う授業やライティングの授業では，手書きのレポートの方が好まれて使われています。これは，Canvas LMS で関数電卓で計算するような複雑な数式を入力したり表示するには，独自の入力表現を用いる必要があったり，ライティング科目における文章作成や文章構成を教える際に用いられる原稿用紙が PC やスマートフォンでは普段あまり馴染みのないフォーマットであることや手書きすること自体を重要視される科目であることなどが理由だと考えられます。しかし，このような手書きのレポートが利用されるような科目においても，スマートフォンが普及して，カメラやスキャナアプリの性能が向上したことで，スマートフォンで撮影した手書きのレポートを提出するという使い方もみられるようになりました。ICT 技術の向上や PC，スマートフォンの普及によって学習環境が変われば，教育方法や学習方法も変わるという一つの例です。

10.1.5　アンケート

　授業のなかでも，授業アンケートのような質問紙を使ったアンケート調査がよく行われます。

⑴　アンケートを紙で実施するうえでの苦労

　質問紙を使ったアンケート調査の場合は，次のような苦労があります。

① 回答のうっかりミスをなくすことが難しい

　　厳格にデータを収集したい場合に，回答者の一部回答漏れ，単一回答と複数回答の回答ミスなどによって，不本意な無効データが発生することがあります。そのため，回答ミスが少しでも減るように回答方法の説明を工夫したり，回答項目が見やすいレイアウトになるようにするなど，アンケート内容以外の本質的ではない部分でも工夫する必要があります。

② 判読できない手書きの文字が存在する

　　手書きの記述式の回答は，人によっては文字が判読できないということも起こったりします。せっかく回答してもらっているにもかかわらず，このような場合もまた不本意な無効データになってしまいます。

③ 集計作業が大変

アンケートを回収したあと，分析するためには回答の一つひとつを表計算ソフトなどに入力し，集計する必要があります。回答人数や質問数が多ければ多いほど，入力ミスや集計漏れも発生しやすくなるため，集計は大変な作業になってきます。

⑵　Canvas LMS でアンケートを行うメリット

Canvas LMS のクイズのサーベイ機能を使って，アンケート調査を実施することができます（設定方法など詳しくは，第 4 章の 4.5 節「クイズ」を参照してください）。

① 確実に回答を回収できる

受講生が未回答の質問がある状態で提出しようとすると，「解答していない問題が○個あります」と警告メッセージが表示されます。確実にすべてに回答した状態で回収できるので，質問紙によるアンケートにみられる一部質問未回答による無効データの発生を防ぐことができます。また，単一回答の質問に複数回答することはできないため，回答者のうっかりミスも起こりません。

② 文字の判読に困らない

記述式の回答では，テキストデータとして取得できるため，手書きの回答で起こりがちな文字の判読に困ることが起こりません。

③ 集計されたデータを取得できる

得られた回答は，LMS によってすぐに集計されます。回答結果は，集計済みのデータとして取得できるので，表計算ソフトで表やグラフにしたり，記述式の回答をテキストマイニングなどで分析することができます。

10.1.6　ディスカッション

学生が議論を深めていくことで他人の考え方を知り，自身の考え方を深めることを意図して，授業ではテーマ，トピックについてのグループディスカッションを行うことがあります。

⑴　ディスカッションを実施するうえでの苦労

授業の規模にもよりますが，ディスカッションの際，多くの場合は複数のグループに分かれて議論することになります。教員は，それぞれのグループを巡回しながら，それとなく議論の様子をうかがい，議論が膠着している際には助け舟を出し，グループでの議論が活性化するように支援します。複数のグループに分かれていると，それぞれのグループでどのような意見が交わされ，どのように結論を出したかという議論過程を把握するのは，難しくなります。

⑵　Canvas LMS でディスカッションを行うメリット

あるディスカッショントピックについて議論するには，Canvas LMS のディスカッション機能を使うことができます（設定方法など詳しくは，第 4 章の 4.4 節「ディスカッション」を参照してください）。それぞれのグループがそれぞれのトピックのスレッドに書き込みを行うので，教員はそれぞれのグループでどのような議論が交わされているか把握することができます。また，学生は，非同期で

書き込みができ，他のグループの議論も参照することができます。非同期で議論するのが難しそうなら，教室で議論を行い，そこで議論した内容と結論をスレッドに書き込むようにするだけでも，教員は議論を把握することができます。

10.1.7　アナウンス

　授業後に課題の補足を伝えたり，次回の授業の予告を連絡したりする際に，連絡手段が必要になることがあります。

⑴　学生に周知，連絡するうえでの苦労

　授業後に課題の補足を伝えたり，次回の授業の予告を連絡したりする必要がある際には，学内の掲示板に周知，連絡内容を掲示したり，メールを使ったりするのではないでしょうか。掲示板は学内にあるので，休んで足を運べないというときや頻繁に掲示板をチェックしていない学生には連絡が届かないことがあります。また，メールについては，学生のなかには頻繁にチェックしていなかったり，多数受信する事務連絡などの他のメールに埋もれてしまい，連絡を見落としてしまう学生もいるようです。また，メールを送る際には，授業用にメーリングリストを作ることは通常しないと思いますので，大勢の学生のメールアドレスを指定しなければならず，手間がかかります。では，学生のほとんどが利用している SNS で授業のグループを作るとよいように思いますが，どうでしょうか。確かに，SNS は便利かもしれませんが，個人的なツールということもあり，グループを作ることに抵抗がある人もいます。そのため，授業で SNS を利用する場合は，配慮が必要です。

⑵　Canvas LMS で周知，連絡するメリット

　学生への連絡には，Canvas LMS のアナウンス機能を使うことができます。アナウンス機能を使うと，コースに周知，連絡内容を掲載でき，同時に学生にメール通知することができます（設定方法など詳しくは，第 8 章の 8.2.2 項「お知らせ［通知］」を参照してください）。

　授業外であっても，課題の提出などで Canvas LMS にログインした際にはアナウンスに気がつくことができるので，メールを頻繁にチェックしていない学生であっても，周知，連絡したい内容が届きやすくなることが期待できます。

10.1.8　外部ツールの利用

　Vimeo や YouTube などの動画配信サービス，Zoom や Teams などのオンライン会議システム，Box や Dropbox などのファイル共有，Badgr などのバッジ管理システム，Google Workspace や Microsoft 365 などの文書管理ツール，こういったサービスを利用していますか。Canvas LMS は，これらのサービスを外部アプリから LTI（Learning Tools Interoperability）という仕組みによって，あたかも Canvas LMS の機能の一部のようにコースに追加することができます（設定方法など詳しくは，第 5 章の 5.5.4 項「外部アプリ」を参照してください）。また，外部アプリにないツールであっても LTI に対応していれば，課題機能の外部ツールに登録して，コースで利用することができます。

10.1.9　別の LMS で作成したコースの利用

　すでに利用している LMS があり，そこにすでにコースを作成しているのであれば，Canvas LMS でも利用できる可能性があります。Common Cartridge という標準仕様をサポートする LMS であれば，コースをアーカイブしたファイル（コースカートリッジ）としてエクスポートでき，同じく Common Cartridge をサポートする LMS にインポートすることができます（設定方法など詳しくは，第 5 章の 5.5.6 項「コースのエクスポート」，5.5.7 項「コースのインポート」を参照してください）。つまり，Common Cartridge をサポートする LMS 同士でコースを相互運用することが可能です。別の LMS で作成したコースを利用したい場合は，コースを Common Cartridge データとしてエクスポートして，Canvas LMS にインポートすると利用できるようになります。

　コースカートリッジに含まれるコースアイテムは，Common Cartridge の仕様で定められています。さまざまな LMS で共通に再利用できるコースアイテムが対象となっています。コースカートリッジに何が含まれているか，インポートされるコースをプレビューして確認できるツール「Common Cartridge Viewer」を Instructure 社が公開しています。LMS からエクスポートしたファイルをブラウザにドラッグアンドドロップまたはファイルを選択してアップロードするか，Web サーバに公開したファイルの場所を URL で指定すると，コースカートリッジがロードされて，インポートされるコースをプレビューすることができます。

10.1.10　別の LMS で作成した小テストの利用

　すでに利用している LMS があり，そこにすでに小テストを作成しているのであれば，Canvas LMS でも利用できる可能性があります。QTI（Question and Test Interoperability）という標準仕様をサポートする LMS であれば，小テストをアーカイブしたファイルとしてエクスポートでき，同じく QTI をサポートする LMS にインポートすることができます（設定方法など詳しくは，第 5 章の 5.5.6 項「コースのエクスポート」，5.5.7 項「コースのインポート」を参照してください）。つまり，QTI をサポートする LMS 同士で小テストを相互運用することが可能です。別の LMS で作成したクイズを利用したい場合は，小テストを QTI データとしてエクスポートして，Canvas LMS のクイズ機能にインポートすると利用できるようになります。

LMS における技術標準

　外部の Web アプリケーションを LMS から使えるようにする LTI，別の LMS で作成したコースや小テストを相互に利用できるようにする Common Cartridge や QTI の標準仕様は，e ラーニングにおける国際標準化団体の 1 つである IMS Global Learning Consortium によって策定されたものです。LMS が技術標準をサポートしていることは，利用者にどのようなメリットがあるのでしょうか。

　技術仕様の標準化は，当然 LMS だけで取り組まれているわけではなく，さまざまな製品，業界で進められています。ここでは，映画作品の販売やテレビ番組録画データの保存メディアに広く使われている身近な技術標準であるブルーレイディスク（Blu-ray Disk：BD）の規格を例に，技術仕様の標準化の重要性を考えてみたいと思います。

　A 社のレコーダーと B 社のレコーダー，2 つの会社のレコーダーがあるとします。A 社のレコーダーのテレビ番組録画データを B 社のレコーダーでも観たいときは，A 社のテレビ番組録画データを外部メディアに保存して，外部メディアを B 社のレコーダーで再生することで，観ることができます。これは，A 社の外部メディアへの保存形式と B 社の外部メディアの再生形式に，同じ BD 規格が採用されていることによって可能となっています（図 1）。

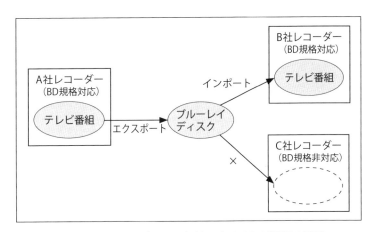

図 1　ブルーレイディスク規格によるテレビ番組の視聴

　もし，A 社が独自規格を採用していたとしたら，どうでしょう。独自規格で保存した外部メディアは，B 社のレコーダーでは対応していないため再生することはできません。また，A 社のレコーダーが壊れてしまったときはどうでしょう。レコーダーを買い替えるときに，A 社の独自規格で保存した外部メディアを引き続き観るためには，A 社のレコーダーを購入する必要があるでしょう。もし，A 社のレコーダーの製造が終了してしまっていたら，いよいよ困ったことになります。A 社の独自規格で保存した外部メディアのテレビ番組を観ることはできなくなってしまいます。

　このように利用者の視点から技術仕様の標準化を考えると，BD という規格によって，さまざまなレコーダーで共通して録画，再生ができるようになり，とても便利に使うことができています。また，A 社のレコーダーが壊れてしまっても，買い替えるときに BD 規格に対応したレコーダーであれ

ば，A 社のレコーダーで保存した外部メディアでも，変わらずに再生して観ることができます。もし，A 社のレコーダーの製造が終了してしまったとしても，他社の BD 規格に対応したレコーダーがあるので安心です。

　LMS の Common Cartridge や QTI も，BD 規格のように，利用者が特定の LMS に依存せずに利用できる環境を提供してくれます。もし，LMS のコースや小テストを移行しなくてはならない状況に

なったとしても，エクスポートしたデータを別の LMS にインポートすることで，コースや小テストを作成することができます（図2）。もちろん Common Cartridge や QTI でサポートされていないコンテンツは移行できませんが，Common Cartridge や QTI に対応していることで，再度，コースをまっさらな状態から作成しなくても，最小限の労力で授業を継続することができるのです。

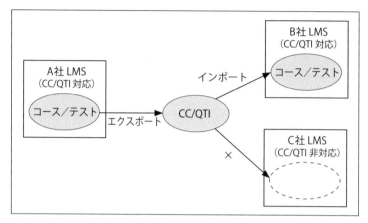

図2　CC/QTI 標準規格によるコンテンツの活用

　次に，外部の Web アプリケーションを LMS から使えるようにする標準仕様である LTI には，どのようなメリットがあるでしょうか。Canvas LMS でも LTI をサポートしているので，LTI に対応した Web アプリケーションを外部ツールとして登録することができます。LTI は，Web アプリケーションをさまざまな LMS で相互利用できる

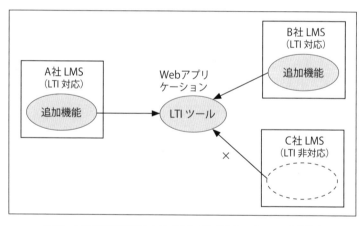

図3　LTI 標準規格による Web アプリケーションの活用

ようにする技術といえます。そして，外部ツールから Web アプリケーションの利用を開始する際には自動的にユーザ認証されるので，まるで LMS の機能の一部のようにシームレスに利用することが可能です（図3）。

　また，LTI に対応した Web アプリケーションを開発することで，LMS に独自機能を組み込むことが可能です。LMS に独自機能を追加するには，LMS のソースコードを改修（カスタマイズ）する方法，プラグイン，モジュールとして開発する方法などもあります。それらの特徴を次ページにまとめました。比較すると，LTI によって独自機能を開発するメリットを感じられるのではないでしょうか。

(1)　LMS のソースコードを改修（カスタマイズ）

　ソースコードに対して開発していくことになるので，開発の自由度が高い反面，LMS のバージョンアップのたびにソースコードのメンテナンスが必要になります。また，開発した独自機能を他の LMS にも追加する場合には，同じ種類の LMS であっても，同じようにソースコードの改修が必要になってしまいます。

(2)　プラグイン，モジュールとして開発

　LMS のなかには，機能をそれぞれ独立したプラグインやモジュールとして管理できるものがあります。その場合，独自機能の部分をプラグインやモジュールとして開発することができます。LMS のバージョンアップの際は，プラグインまたはモジュールでバージョンに依存した関数や API を使用しているところがある場合にはメンテナンスする必要がありますが，そうでなければ，基本的にそのまま利用し続けることができます。また，開発した独自機能を他の LMS にも追加する場合，同じ種類の LMS であれば，プラグインやモジュールをインストールすることで利用することができます。

(3)　LTI に対応した Web アプリケーション（LTI ツール）として開発

　LMS のなかには，外部の Web アプリケーションを LMS から使えるようにする LTI をサポートしているものがあります。その場合，独自機能の部分を LTI に対応した Web アプリケーションとして開発することができます。LMS のバージョンアップの際も，LTI の標準仕様で定められている動作が保証されているので，そのまま利用し続けることができます。また，開発した独自機能を他の LMS にも追加する場合，違う種類の LMS であっても，LTI をサポートしていれば LTI ツールを設定することで利用することができます。

表 1　独自機能の開発手法による比較

	LMS のバージョンアップによる影響	同じ LMS 製品での利用の容易さ	異なる LMS 製品での利用の容易さ
ソースコードの改修(カスタマイズ)	×（あり）	×	×
プラグイン，モジュール	△（一部あり）	○	×
LTI	○（なし）	○	○（LTI 対応 LMS）

　LTI を利用することで，LMS の一部のようにシームレスに利用できるだけでなく，独自機能を開発する方法においても他の LMS への汎用性が高く，特定の LMS への依存性を低くすることができる技術だと言えます（表 1）。また，独自に開発した機能によって，特定の LMS を使い続けなければならないというようなベンダーロックインの状況を避けることにも繋がることがわかります。

おわりに

　本書は日本で初めて「Canvas LMS」の具体的な使い方について書かれた本です。

　巻頭の「本書の使い方」でも説明しましたが，本書で紹介した Canvas LMS の基本的な機能を利用するだけでも，実際のオンラインコースにおける教育活動を実践することができます。

　Canvas LMS はとても機能豊富なので，本書を執筆するなかで，魅力的な便利機能をあれもこれもと紹介したくなりましたが，あくまで初めて Canvas LMS を使う方向けの導入編としての位置づけに立ち返り，内容が盛り沢山過ぎて読者の皆さまを混乱させるようなことがないよう，最も大事な基本機能を中心とし，シンプルな説明に徹するよう心がけました。

　少しだけ，次のステップへのご案内として紹介できればと思います。本書でも触れたアウトカムやルーブリックに関わる機能は，欧米の教育現場では当たり前のように活用されているようです。Instructure 社（Canvas LMS 開発元）との会話でも，これらが整備されていない教育機関が多いという日本の現状は，とても意外であるという反応でした。アウトカムベースの教育やルーブリックを用いた評価基準，達成目標の管理はまさにこれから求められていくものであり，日本の教育機関にとっても LMS の活用において外せない機能となることが予想されます。

　また，本書で扱った Canvas FFT 環境では，講師がコースごとにコンテンツや受講生を管理しています。小規模なオンラインコースを扱うだけなら，これでも十分運用可能です。しかし，一定の規模を超えて多数のオンラインコースを組織的に運用するようなケースでは，複数コースの受講生やコンテンツをまとめて管理するだけでなく，ユースケースに応じてコースの活動期間や組織で一元化した外部アプリ連携，いろいろな役割ごとのユーザ権限管理，各種データ登録の一括処理など，さまざまな管理機能が求められます。本格的な運用に臨まれる場合は，管理系の機能が限定された Canvas FFT ではなく，やはり本来の Canvas LMS を導入することをお勧めします。

　Canvas LMS を利用しているなかで感じることは，「このような使い方をしたいので，そのための機能が欲しい」と思って調べると，隠し機能のようにすでに用意されている（通常はシステムの設定により OFF にしてある），無い場合でもしばらく待っているとやがて新機能として実装されていくということです。これは Canvas LMS が利用者のコミュニティに投稿された改善案を広く汲み上げて，こまめに製品へ反映させているからこそなせる技です。

　また，欲しい機能が実装されるのを待たなくても，LTI 連携で外部アプリを組み込んで新しい機能を次々と試すことができるため，世界中から提供されるさまざまな教育ツールから自分のニーズに合うものを探したり，独自に LTI 対応アプリを開発して Canvas LMS のシステム環境に組み込むことができます。Canvas LMS という土台（プラットフォーム）に，用途に合わせた機能部品（外部アプリ）を組み込んで，自分たちのためだけに使いやすいオンライン学習環境を整えることができるのです。

　学習者がフィードバックを受けて，あるいは外から新しいものを吸収して成長していくように，

Canvas LMS も外部の知識やスキルを吸収して成長していきます。「開かれた LMS」の進化の過程を，皆さまと一緒に楽しんでいけたらと思っています。

　海文堂出版の臣永 真さんには，用語の使い方や書籍執筆の決まりごとについて，多くの助言をいただき大変感謝しています。また，忙しい仕事の合間を縫って原稿をチェックしていただいた同僚の加藤潤子さん，そして執筆を影で支えてくださったボウ・ネットシステムズ社の皆さんに，この場を借りて厚くお礼申し上げます。

索　引

【アルファベット】
ABC 評価　*44*
Admin　*15*
BOM　*106*
Canvas DocViewer Toolbar　*96*
Canvas FFT　*xii*
Canvas Free Account　*xii, 22*
Canvas Guides　*xii*
Canvas エクスポートパッケージファイル　*91*
Common Cartridge　*91, 168, 169, 170*
CSV ファイル　*101, 106, 108, 127*
Designer　*16*
e ラーニング　*160, 161*
Free For Teacher　*xii, 20, 22*
Front Page　*50, 83*
GPA スケール　*45*
Instructor　*16*
Instructure　*4*
LTI　*3, 15, 167, 169, 170, 171*
LTI1.3　*15*
LTI Advantage　*15*
Notifications　*14*
Observer　*16*
QTI　*168, 169, 170*
SaaS　*2*
SIS インポート　**15**
SpeedGrader　*12, 38, 94*
Student　*16*
TA　*16*
Teacher　*16*
Teacher Assistant　*16*
Web API　*15*

【あ】
アイテム分析　*108*
アイテムを追加　*30*
アウトカム　*12, 112*
アウトカムの検索　*110*
アカウント　*134*
アクセスの管理　*52*
アクセスレポート　*121*
アセスメント　*39, 96, 98*
新しいエクスポート　*91*

新しいコースの開始　*26*
新しい分析　*120, 126*
後で投稿　*122*
穴埋め　*60*
アナウンス　*12, 121*
アプリ設定の表示　*88*
アプリセンター　*88*

【い】
イベント　*143*
イベントと期日を調整　*89*
インポート　*101*

【え】
エクスポート　*101*

【お】
お気に入りコース　*140*
お知らせ［通知］　*137*
オブザーバ　*16*
オンライン　*45*
オンライン会議システム　*67, 88*

【か】
解答のシャッフル　*58*
外部アプリ　*15, 45, 65, 67, 74, 88*
外部ツール　*45, 67, 74*
外部 URL　*74*
学習の達成度表　*115*
学習マスタリー［学習の達成度表］　*115*
課題　*10, 27, 43, 150*
課題クイズ　*57*
課題グループ　*116*
課題コメント　*96*
課題ディスカッション　*55, 99*
課題の列　*103*
課題メニュー　*104*
カードビュー　*132, 147*
カレンダー　*14, 141*
管理者　*15*
完了　*121*
完了／未完了　*44*

【き】
期間　86
規定　109
機能プレビュー　82

【く】
クイズ　10, 56, 97, 151
クイズタイプ　56
クイズの管理　107
クイズの統計情報　108
グループ課題　46
グローバルナビゲーション　25, 131

【け】
結果　113
言語　15, 25, 79, 134

【こ】
公開　28, 32, 49, 52, 55, 63, 84
講師　16
コース　139
コース移行ツール　13
コースカード　132, 147
コースから削除　120
コースコード　78
コースサマリー　64
コースステータス　13, 84
コース設定　10
コースセットアップチュートリアル　26, 136
コース内容のエクスポート　81, 91
コース内容をインポートする　80, 92
コースナビゲーション　13, 27, 32, 149
コースのコピー　89
コースのコンテンツをリセット　81
コースの詳細情報　77
コースの通知　138
コースの分析　128
コースホームページ　10, 82, 149
固定したディスカッション　124
このコースのコピー　80
このコースの終了　80
このコースを削除する　80
コメント　60
コメントライブラリ　97
コメントを閉じました　124
誤訳　xiii
コンテンツでリンクを有効にする　81
コンテンツの選択　90

【さ】
最近のアクティビティ　132, 146
最近のフィードバック　147, 149
採点スキーム　44
採点済み［採点対象］　55
採点済みのクイズ［課題クイズ］　57
採点済み［採点対象］のサーベイ　57
採点対象　55
採点対象のサーベイ　57
採点なし　45
採点なしのサーベイ　57
採点にこの注釈［ルーブリック］を使用　111
採点にこのルーブリックを使用　111
サブアカウント　14
サーベイ　56, 108
サーベイの管理　108
サーベイの統計　108

【し】
自動採点　59, 97
自動的に成績を投稿する　103
受講生　16
受講生グループ　12, 88
受講生コンテクストカード　120
受講者にクイズ回答を見せる　58
受講生のタスクに追加　49, 55
受講生のリセット　84
受講生の利用可能状況をスケジュール　52
受講生はリンクからのみ利用可能です　52
受講生ビュー　34, 83
受講生分析　108
受講者名の列　103
受講生をテスト［テスト用受講生］　39, 83
受信トレイ　14, 144
手動で成績を投稿する　103
手動での採点　60, 97
招待の再送信　120
招待メール　73, 85
小論文問題　60
シラバス　12, 63
真／偽　60
進捗を表示　126

【す】
数式問題　60
数値による解答　60
スケーラビリティ　5
スコアの更新　98
スターアイコン　140
すべてのコース　139

スレッド型ディスカッション *54*
スレッドでの返信を許可する *54*

【せ】
成果 *112*
成果［アウトカム］の検索 *110*
整合 *60*
成績 *12, 41, 100, 154*
成績掲示ポリシー *102, 105*
成績詳細トレイ *105*
成績の表示方法 *44*
成績表 *100*
成績表メニュー *101*
成績を掲示する *104*
成績を非表示にする *104*
セクション *87*
前提条件 *77*

【そ】
操作メニュー *101*

【た】
多言語対応 *15*
タスク *147, 149*
ダッシュボード *14, 131, 146*

【ち】
遅延ポリシー *102*
注釈［ルーブリック］の検索 *111*
注釈［ルーブリック］を見る *111*
調整点 *98*
重複［複製］ *28, 50, 125*

【つ】
通知 *14, 137*
通知タイプ *137*
次から使用可能 *47, 55*
次の日時から［次の日時まで］ *47*
次の日時まで *47, 55*
次の予定 *133*
次へ *35*

【て】
提出なし *45*
提出の試行 *46*
提出物の再アップロード *106*
提出物の詳細 *36*
提出物のタイプ *45*
提出物のダウンロード *104, 106*
提出物の匿名状態を維持 *58*

提出物ファイル *151*
ディスカッション *11, 53, 123, 153*
デザイナー *16*
テスト用受講生 *39, 83*

【と】
動画配信サービス *67, 88*
トピック *53*

【は】
バイトオーダーマーク *106*
パスワード *135*

【ひ】
ピアレビュー *46*
筆記 *45*
表示メニュー *101*

【ふ】
ファイル *11, 51, 138, 151*
ファイルアップロード問題 *60*
フォーカス型ディスカッション *54*
複数穴埋め *60*
複数解答 *60*
複数回の試行を許可 *58*
複数選択 *60*
複数ドロップダウン *60*
複製 *28, 50, 125*
プレースメント *88*
プレビュー *63*
ブレンディッドラーニング *160, 161*

【へ】
ページ *11, 48*
ページ履歴 *50*

【ほ】
ポイント *44*
ホームページの選択 *82*
保留 *73*

【ま】
マイファイル *139, 151*
前へ *35*

【み】
未採点［採点なし］ *45*
未採点［採点なし］のサーベイ *57*
未整理の問題 *66*

【め】
メンバー　*12, 70, 119*

【も】
文字化け　*106*
モジュール　*11, 29, 74, 126*
問題グループ　*62*
問題タイプ　*59*
問題の検索　*62*
問題の追加　*62*
問題バンク　*62, 65*

【や】
役割　*15, 71*
役割の編集　*120*
やるべきこと　*38, 133*

【ゆ】
ユーザアカウント　*14, 22, 72, 134*
ユーザの詳細情報　*120*
ユーザロール　*15*
ユーザーを無効にする　*120*

【よ】
要件　*76*

要綱　*63*
予定表　*141*

【り】
リストビュー　*147*
リッチコンテンツエディタ　*13, 65*
リンク付きの受講生のみ利用可能です［受講生はリンクからのみ利用可能です］　*52*

【る】
ルーブリック　*13, 109*
ルーブリックの検索　*111*
ルーブリックを見る　*111*

【れ】
練習クイズ　*56*

【ろ】
ロック終了日時　*76*

【わ】
割合　*44*
割り当て　*47*

【著者紹介】

石川 有紀（いしかわ ゆき）

東京都出身。大学卒業後，大手 SI ベンダーでシステムエンジニアとして
インターネット勃興期のさまざまなサービスシステム設計・構築を担当。
現在はボウ・ネットシステムズ株式会社で，Canvas をはじめとする LMS
や e ポートフォリオ管理など教育 IT システムの開発業務に加え，LMS 導
入コンサルタントとして，多くの国立大学，私立大学，大手企業の教育部
門をサポートしている。

宮崎 誠（みやざき まこと）

佐賀県出身。インストラクショナルデザインと教育学習支援システムの研
究者。帝京大学ラーニングテクノロジー開発室助教。熊本大学大学院社会
文化科学研究科教授システム学専攻博士後期課程単位取得満期退学。修
士（工学）。技術担当として株式会社 NTT ドコモ九州に入社後，ショップ
販売員の研修を担当し，人材育成に関心を持つ。熊本大学大学院教授シス
テム学専攻特定事業研究員，法政大学情報メディア教育研究センター助手，
畿央大学教育学習基盤センター特任助教を経て，2019 年より現職。

ISBN978-4-303-73475-6

はじめての Canvas LMS

2021年12月20日　初版発行　　Ⓒ ISHIKAWA Yuki/MIYAZAKI Makoto 2021

著　者　石川有紀・宮崎 誠　　　　　　　　　　　　　　　検印省略
発行者　岡田雄希
発行所　海文堂出版株式会社

本　社　東京都文京区水道2-5-4（〒112-0005）
　　　　電話 03（3815）3292　FAX 03（3815）3953
　　　　http://www.kaibundo.jp/
支　社　神戸市中央区元町通3-5-10（〒650-0022）

日本書籍出版協会会員・工学書協会会員・自然科学書協会会員

PRINTED IN JAPAN　　　　　　印刷　東光整版印刷／製本　誠製本